왜 백제의 칠지도가 일본에 있을까?

교과서 속 역사 이야기, 법정에 서다

05
역사공화국
한국사법정

백제인 vs 야마토

왜 백제의 칠지도가 일본에 있을까?

글 이희진 | 그림 박종호

㈜자음과모음

　한민족의 역사에서 가장 베일에 싸여 있는 나라로 우리는 백제를 꼽는다. 왜 백제를 떠올리는 것일까? 실제로 백제만큼 우리에게 익숙하면서도 제대로 알려지지 않은 나라는 찾기 힘들다. 전문가들이 정리해 놓은 백제의 역사만 보더라도 '정말 같은 나라 역사가 맞을까?'라고 할 정도로 역사적 서술이 서로 다른 것이 현실이다. 그러다 보니 어린 학생들은 물론 일반인도 백제의 역사를 어떻게 이해해야 할지 갈피를 잡기 어렵다.

　그렇게 된 원인은 백제의 역사를 허황하게 부풀려 놓는 경우도 있고, 정식으로 역사를 배울 때도 '늦게 세워져 별로 큰 힘도 못 써 보고 움츠러들다가 황당하게 망한 나라' 정도로 인식하기 딱 좋게 백제의 역사를 가르치고 있기 때문이다. 이런 인식은 한국의 역사를 근대적인 방법으로 정리하기 시작한 일제 강점기에 '식민 사학자'라고 불리는 사람들이 심어 놓은 것이다.

백제의 역사를 그렇게 만들어 놓은 계기 중의 하나가 칠지도의 발견이었다. 문제는 일본이 칠지도에 새겨진 글자들을 자기들에게 유리하게 해석하여 백제를 마치 왜의 식민지나 다름없던 나라처럼 역사를 정리한 데 있다. 대한민국의 역사학자 중 상당수가 그런 역사를 학생들에게 가르치고 있다.

그렇기 때문에 칠지도에 대한 시비는 거기에 새겨진 내용이 무엇인가를 가리는 차원에서 끝날 문제가 아니다. 백제의 역사뿐 아니라, 당시 동아시아 전체의 역사가 어떤 양상이었는지를 가리고 더 나아가 역사를 어떻게 조작하는지를 가리는 문제도 될 수 있다.

그러므로 백제의 칠지도는 역사공화국 한국사법정에서 다루기에 손색이 없는 주제일 것이다. 또한 어린 학생들에게 역사에 대하여 일방적으로 주입되는 지식에서 얻을 수 없는 새로운 차원의 것을 보여 줄 기회가 될 듯하다.

이희진

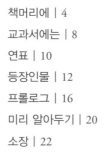

백제는 4세기 후반인 근초고왕 때 전성기를 맞아, 국제적 지위가 한층 높아진다. 중국의 동진, 가야, 왜와 외교 관계를 맺고 중국의 요서, 산둥 지방과 일본의 규슈 지방에 진출하기도 했다.

중학교 역사

I. 삼국의 성립과 발전
  1. 삼국의 성립
    (2) 백제가 한강 유역에서 나라를 세우다

I. 삼국의 성립과 발전
  2. 삼국의 발전
    (2) 백제가 위기 극복에 성공하다

백제는 불교를 장려하고 중국과 문물을 교류하였으며, 바다 건너 왜와도 우호적인 관계를 가졌다. 그래서 왜에 불교를 비롯한 여러 문물을 전해 주었다.

백제는 주로 남중국과 교류하였고, 중국과 가야, 왜 등을 연결하는 해상 무역도 했다.

고등학교	한국사	I. 우리 역사의 형성과 고대 국가 3. 삼국, 교류와 경쟁 속에서 발전하다 (4) 활발한 문화 교류를 통해 발전한 삼국 〈삼국의 국제 교류가 활발해지다〉
		I. 우리 역사의 형성과 고대 국가 3. 삼국, 교류와 경쟁 속에서 발전하다 (4) 활발한 문화 교류를 통해 발전한 삼국 〈삼국 문화, 일본에 전파되다〉

삼국 중 일본과 가장 밀접한 관계를 맺었던 나라는 백제이다. 백제는 4~7세기에 이르기까지 유교, 의학, 천문, 역법을 전해 주었다. 일본 이소노카미 신궁에 보관되어 있는 칠지도는 4세기 백제 왕이 왜왕에게 하사한 칼이다.

기원전

138년 한나라 장건, 비단길 개척

100년 카이사르 탄생

27년 로마, 옥타비아누스 제정 시작

4년 그리스도 탄생

기원후

54년 네로 황제 즉위

80년 콜로세움 건설

96년 로마, 오현제 시대 시작

105년 채륜, 종이 발명

306년 로마, 콘스탄티누스 대제 즉위

313년 로마, 그리스도교 공인

375년 게르만 족, 대이동 시작

395년 로마 제국, 동서로 분열

476년 서로마 제국 멸망

원고 **백제인(가상의 인물)**

더 이상 우리 백제와 백제인의 명예가 훼손되는
것을 두고 볼 수 없어 소송을 냈습니다. 칠지도는
백제 왕이 일본에 하사한 것이 맞습니다!

원고 측 변호사 **한국인**

한국인 변호사라고 합니다. 백제인 씨를 변호하려고
이 자리에 섰지요. 칠지도에 관해 교과서에 기록된
내용은 모두 사실이라고요.

원고 측 증인 **토네리**

나는 덴무 천황의 황자(皇子)로 당시에 정일품(正一
品) 지위에 있었습니다. 일본의 가장 오래된 역사책
인 『일본서기』 편찬에 참여했지요.

원고 측 증인 **구저**

나는 칠지도가 일본에 보내진 시기에 백제의 외교 사
절로 활동했습니다. 따라서 당시 백제의 국제 관계에
대해서는 누구보다 잘 알고 있다고 자부합니다.

원고 측 증인 **목라근자**

나는 백제의 장군 목라근자라고 하오. 백제가 가야
를 정벌할 때 작전을 지휘한 바 있지요. 우리 목씨
집안은 '대성팔족'이라 하여 백제의 대단한 가문 중
하나였지요.

원고 측 증인 **도망자(가상의 인물)**

백제가 망해 일본에 머물고 있었는데, 일본이 역사
책을 쓰고 싶다며 도와달라고 하였습니다. 어차피
도망친 처지였고, 이미 백제에서 역사책을 펴낸 경
험도 있으니 별다른 의심 없이 역사책 편찬에 참여
했습니다. 그런데, 그렇게 이상하게 쓰라고 할 줄은
몰랐어요.

피고 야마토(가상의 인물)

한국 교과서에 나와 있는 칠지도에 관한 설명은 다 엉터리입니다. 칠지도는 백제가 일본에 잘 보이려고 바친 것이에요.

피고 측 변호사 우키다

우키다 변호사입니다. 한국 교과서에 나오는 칠지도 내용은 한국인들이 편한 대로 해석한 것입니다. 나야말로 진실을 밝혀내고자 이 자리에 섰지요.

피고 측 증인 기술자(가상의 인물)

나는 유물에 새겨진 글자를 수십 년 동안 연구해 왔습니다. 남들은 나를 두고 '금석문(金石文)의 대가'라고 하더군요!

피고 측 증인 김부식

나에 대해 새삼 설명할 필요가 있을까요? 고려 시대의 사람으로 현재 가장 오래되고 믿음직한 역사서인 『삼국사기』의 편찬을 주도한 바 있습니다. 사람들이 나를 보고 사대주의자니 뭐니 말이 많은데, 만약 내가 그 책을 쓰지 않았다면 어쩔 뻔했습니까? 삼국 시대의 역사는 영원히 사라졌을 겁니다.

피고 측 증인 쓰다 소키치

사람들이 나를 실증 사학자라고 부르더군요. 어떻게 부르든 그런 건 상관없어요. 나는 더하거나 빼지 않고 오직 사실 그대로의 역사만 기록할 뿐입니다. 나는 그러한 역사만을 믿습니다.

피고 측 증인 기득권(가상의 인물)

아무리 한국 사람이어도 아닌 것은 아니라고 말할 수 있는 양심이 필요하지요. 중국이 역사를 기록한 지 가장 오래되었으니, 중국 측 기록은 믿을 만하지 않겠습니까?

"백제와 칠지도의 진실을 밝혀 주세요!"

여기는 역사공화국!

역사 분쟁에 대한 소송을 주로 맡는 한국인 변호사는 승률이 좋은데도 한동안 사건 의뢰가 들어오지 않아 고민에 빠져 있다.

"아, 오늘도 한가롭군. 내가 너무 까다롭다고 소문이 났나? 아니야, 그래도 아무 사건이나 맡을 순 없지."

돈만 많이 주면 있는 죄도 없애 준다는 변호사도 있지만 한국인 변호사는 억울한 사람의 원을 풀어 주는 일이 아니면 선뜻 나서지 않았다.

"아암, 나 같은 변호사가 있어야 지상 세계에서 억울한 일을 당한 사람이 영혼 세계에서라도 한을 풀지."

그런데 이렇게 억울하게 죄를 뒤집어쓴 사람들은 역사공화국 패

자의 마을에서 돈 없고 힘 없이 살고 있었다. 그렇다 보니 한국인 변호사는 열변을 토해 가며 재판에서 이겨도 수임료를 제대로 받지 못하기 일쑤였다.

"이러다 정말 사무실 월세도 못 내겠는걸. 그런데 저 사람은 누구야? 의뢰인인가?"

창문 너머로 소박하게 차려입은 한 남자가 빠르게 걸어오고 있었다. 한국인 변호사는 웃으면서 남자를 맞이했다.

"안녕하세요. 무슨 일로 오셨습니까?"

남자는 이리저리 둘러보고, 한참을 망설이다 어렵게 말을 꺼냈다.

"변호사님, 나는 너무 억울합니다. 다른 곳도 다 가 보았지만, 처음에는 사건을 맡아 줄 것 같다가도 소송을 걸 상대가 누군지 알고 나면 모두 한결같이 꽁무니를 내뺍니다. 어떤 사람은 소송을 포기하라고 하더라고요. 그러던 중 변호사님 소문을 듣고 이렇게 먼 길을 찾아왔습니다."

"상대가 누군데요?"

"야마토라고……."

"뭐라고요! 그 일본 출신의 재벌이 말입니까?"

"네. 바로 그 사람입니다."

"아이고, 웬만한 변호사들이 꽁무니를 내뺄 만하네요. 그런데 그 엄청난 사람을 상대로 무슨 소송을 제기하려고 하시나요?"

"변호사님, 글쎄 그 천하의 몹쓸 야마토가 입만 열면 백제가 일본에 칠지도를 바쳤다고 떠들고 다니지 뭡니까? 칠지도는 백제가 일

본에 하사한 것인데 말입니다. 백제 사람인 나는 화가 치밀어 도무지 가만있을 수가 없습니다."

"아, 나도 소문을 들어 대충은 알고 있습니다."

"그럼 내 심정을 잘 아시겠네요. 매일 분해서 잠을 이루지 못할 지경입니다."

"음……. 백제 사람이라면 충분히 그럴 수도 있겠네요."

섣불리 사건을 맡다가는 고생할 것 같아 한국인 변호사는 이리저리 머리를 굴렸다. 그때 의뢰인이 덥석 한국인 변호사의 손을 잡았다.

"제발 부탁합니다. 변호사님 아니면, 정말 맡아 줄 사람이 없습니다. 그리고 염치없는 줄은 알지만 형편이 넉넉하지 않아 수임료도 충분히 드리지 못할 것 같습니다."

'야마토 씨를 상대로 한 소송이라……. 상당히 피곤해지겠는걸. 더구나 야마토 그 사람, 잘못 건드리면 끝까지 쫓아다니며 보복한다는 소문도 있던데……. 이 사건을 맡았다가 쥐도 새도 모르게 조용히 끌려가는 건 아니겠지? 어휴, 하지만 이게 다 나 한국인의 운명이다. 한번 해 보는 거야.'

한국인 변호사는 대답 대신 비장한 모습으로 고개를 끄덕였다.

4세기 백제와 동아시아

백제는 고구려보다 늦게 나라를 세웠지만 주변의 어느 나라보다 빠르게 성장했습니다. 일찍부터 철기 문화와 농경 문화가 발달했던 한강 유역의 위례성에 도읍을 정한 덕분이었지요. 또한 한강 유역은 바다를 통해 들어온 중국의 선진 문물을 받아들일 수 있는 것이 장점이었습니다.

백제는 제13대 근초고왕에 이르러서 최고의 전성기를 맞게 됩니다. 황해도 일대를 장악하고 마한 전 지역을 차지하는 등 영토 확장에 박차를 가했지요. 이러한 영토 확장을 바탕으로 백제는 중국의 동진, 이웃나라인 가야, 바다 건너 왜와 외교 관계를 맺었습니다. 또한 당시 국경을 맞대고 있는 강력한 나라인 고구려와는 견제하는 관계를 유지하였지요.

이렇게 힘이 왕성하던 4세기 말 근초고왕 때 백제는 일본에 『천자문』과 『논어』를 전합니다. 뿐만 아니라 성왕 때인 552년에는 불경과 불상을 보내 불교를 전파하기도 하였지요. 물론 이후에도 백제의 많은 예술가나 기술자들이 일본에 건너가 문화를 전해 주었습니다. 따라서 '칠지도'도 백제 왕이 일본 왕에게 하사한 것으로 봅니다.

하지만 일본에서는 일본의 역사서인 『일본서기』를 바탕으로 일본이 가야 지역을 식민지로 삼고 백제와 신라까지 보호국으로 두었다고 여깁니다. 그렇기 때문에 '칠지도'는 백제의 왕이 일본의 왕에게 바친 것이라고 주장하고 있지요.

원고 | 백제인	대리인 | 한국인 변호사
피고 | 야마토	대리인 | 우키다 변호사

청구 내용

 백제가 칠지도를 만들어 왜에 보낼 당시 백제는 고구려에 맞서기 위해 주변 나라들과 동맹 관계를 맺으며 세력을 확장해 나가고 있었습니다. 마침 왜나 가야와 같은 나라들은 신라의 핍박을 받고 있던 상황이었고요. 특히 왜가 신라로부터 받은 타격은 매우 심각했습니다. 그래서 백제는 만약 고구려를 물리치고 남쪽 지역을 평정하면, 왜인들에게 넓은 아량을 베풀고 여러 가지 편의를 봐주기로 했습니다. 그들은 백제의 이러한 제안을 당연히 받아들였습니다. 그리고 이후 백제가 가야 지역을 평정할 때에도 협조해 주었지요.

 백제의 왕은 모든 일이 계획대로 잘 마무리되자, 왜인들을 격려하고, 협조를 잘해 주어 고맙다는 의미로 '칠지도'를 만들어 보냈습니다. 그런데 왜인들은 백제가 칠지도를 만들어 일본에게 바쳤다는, 억지 주장을 펴고 있습니다. 거짓말을 해도 정도가 있지, 어떻게 이런 황당무계한 거짓말을 만들어 낼 수 있을까요? 진실은 언젠가 밝혀진다고 하지만, 더 이상 지체할 수가 없었습니다. '칠지도는 백제 왕이 왜 왕에게 친히 하사한 것'이라는 역사의 진실을 공정한 한국사법정에서 다시 한번 명백하게 밝혀 주시기 바랍니다. 더불어 백제의 역사를 왜곡한 피고에게는 백제와 백제인을 대표하여 명예 훼손죄를 엄중히 묻고자 합니다.

입증 자료

- 칠지도(육차모), 『일본서기』

  그 외 자료 추후 제출하겠음.

위 청구인 백제인

역사공화국 한국사법정 귀중

백제는 일본에 칠지도를 바쳤을까, 아니면 내려 주었을까?

1. 칠지도에는 어떤 글이 적혀 있을까?
2. 『일본서기』는 어떻게 조작되었을까?

교과 연계

한국사
Ⅰ. 우리 역사의 형성과 고대 국가
  3. 삼국, 교류와 경쟁 속에서 발전하다
    (4) 활발한 문화 교류를 통해 발전한 삼국
      〈삼국의 국제 교류가 활발해지다〉

1 칠지도에는
어떤 글이 적혀 있을까?

"오늘은 또 어떤 흥미진진한 사건이 기다리고 있을까?"

"흥미진진? 자네 말이야, 이번 재판에 대해 못 들었어? 난 대충 얘기 들었는데……. 그 생각만 하면 너무 속상한 거 있지? 그리고 보면 여기 와서 알게 된 역사의 진실이 너무 많아. 마음 같아서는 다시 세상으로 내려가서 사람들에게 진실을 얘기해 주고 싶다니까!"

역사의 진실을 밝히고자 하는 사람들이 많아 역사공화국 한국사법정은 하루도 문을 닫는 날이 없었다. 이제 겨우 다섯 번째 재판이지만 한국사법정은 진실을 밝혀 주기로 소문이 나 방청석은 늘 사람들로 꽉 찼다. 방청석에 앉은 사람들이 얘기를 주고받는 사이, 검은 법복을 입은 판사가 재판정으로 들어왔다. 법정 경위는 방청객들에게 조용히 해 달라고 요청했다.

왜 백제의 칠지도가 일본에 있을까?

판사　자, 오늘 재판은 원고 백제인 씨가 피고 야마토 씨에게 명예 훼손을 이유로 소송을 제기한 사건이군요. 원고 측 변호인, 먼저 이번 사건에 대해 간단히 말씀해 주시겠습니까?

한국인 변호사　네. 안녕하십니까? 저는 원고 백제인 씨의 변호를 맡은 한국인이라고 합니다. ▶이번 사건은 백제와 왜가 우호 관계를 맺을 4세기 즈음, 백제에서 만들어 일본에 내려 준 '칠지도'에 관한 것입니다.

　참고로 이 칠지도는 왜에 보낸 뒤 약 1,500년 동안 고이 묻혀 있다가 약 100여 년 전, 벼락부자였던 피고 야마토 씨의 집에서 집사가 재산을 정리하던 중에 발견하였습니다. 그때부터 야마토 씨는 '칠지도가 백제가 왜에게 잘 보이기 위하여 바친 물건'이라고 헛소문을 내고 다녔는데, 정말 어이가 없는 일이지요. 처음엔 워낙 말이 되지 않는 주장이라 시간이 지나면 자연스레 헛소리임이 밝혀질 것으로 생각했습니다. 그래서 하나하나 맞대응을 하지 않았는데 소문이 점점 눈덩이처럼 불어나더니 마치 사실처럼 사람들에게 알려지기 시작했습니다. 당시 왜는 별 볼 일 없는 나라에 불과했습니다. 그것을 알고 있는 주변 나라 사람들은 왜 따위에 잘 보이려고 선물을 바쳤느냐며 백제를 하찮게 보았습니다. 이곳 역사공화국에서도 그런 비아냥거림은 여전했지요. 이에 원고 백제인 씨는 소송을 제기하기에

일본 이소노카미 신궁에서 발견된 칠지도.
칠지도에 관한 견해는 지금까지 크게 네 가지가 있다. 백제가 일본에 내려 주었다는 설, 백제가 일본에 바쳤다는 설, 동진이란 나라에서 만들어 백제를 통해 일본에 주었다는 설, 그리고 칠지도가 아예 일본의 것이라는 설이다.

교과서에는

▶ 칠지도는 4세기 후반에 백제에서 만들어 일본에 보낸 칼입니다. 칠지도는 당시 백제와 왜가 활발하게 교류하고 있었다는 사실을 알려 주는 유물이지요. 현재 일본 이소노카미 신궁에 보관되어 있습니다.

이른 것입니다.

판사　흠, 그렇다면 100년 전 칠지도가 처음 발견되고 칠지도에 대한 오해가 퍼지기 시작했을 때 소송을 내시지, 왜 이제야 하게 되었습니까?

한국인 변호사　사실 뒤늦게 소송을 제기한 데 대하여 오해가 많이 있었지요. '할 말이 없었던 게 아니냐', '강대국이 된 피고의 나라에 기대서 살다가 이제 살 만해지니까 은혜를 원수로 갚는다'는 등 별의별 말이 다 돌고 있는 것을 알고 있습니다.

하지만 원고 측의 입장도 이해해 주셔야 합니다. 원고의 나라는 멸망해서 변명할 만한 처지도 아니었고, 그런 원고의 입장을 대변해 줄 사람도 없었습니다.

판사　백제가 일찍 멸망한 사실을 말하는 것인가요?

한국인 변호사　네. 피고는 원고 측의 이런 약점을 알고 출판물은 물론 각종 언론을 통해 자신들에게 유리한 쪽으로 선전했습니다. 그럴 만한 입장이 못 되었던 원고의 주장은 철저하게 묻혀 버렸고요. 원고는 그동안 마음고생이 많았다고 합니다.

판사　흠, 그런 사연이 있었군요.

한국인 변호사　재판장님, 백제는 한때 남부럽지 않은 역사를 자랑하던 나라였습니다. ▶또한 칠지도를 주었던 당시에 백제는 전성기를 누리고 있었지요. 그런 백제가 뭐가 아쉬워서 왜에 칠지도를 바쳐야 했을까요? 거짓말을 해도 정도껏 해야 참아 주지, 정말 해도 해도 너무하네요. 이에 원고 백제인은 공정한 한국사법정에서 땅에 떨어진 백제의 명예를 회복시켜 주기를 기대하는 바입니다.

판사 얘기를 들어 보니 원고 측의 입장이 이해가 되는군요. 하지만 피고 측은 이 발언에 동의하지 않을 것 같은데요. 피고 측 변호인, 발언하겠습니까?

우키다 변호사 네, 물론이지요. 재판장님, 일단 저도 제 소개를 간략히 하겠습니다. 안녕하십니까? 피고 야마토의 변호를 맡은 우키다라고 합니다.

그 순간 방청석에서 웃음이 터졌다.

"우키다? 야야, 이름 한번 진짜 웃긴다. 이름이 '우키다'가 뭐야, 변호도 웃기게 하려나?"

우키다 변호사는 사람들이 수군거리는 소리에 순간 표정이 굳었지만, 자주 있는 일인 듯 다시 말을 이었다.

우키다 변호사 재판장님, 원고의 주장은 피해 의식에 사로잡힌 근거 없는 억지 주장일 뿐입니다. 잠시 뒤에 본격적으로 변론하겠지만, 증거로 제출한 칠지도의 글만 해도 그렇습니다. 원고는 칠지도 명문에 '백제가 왜에 내려 주었다'라는 글이 적혀 있다고 주장하지만, 우리가 확인한 바로는 오히려 '백제가 일본에 바친 것'으로 나와 있습니다.

『일본서기』
720년에 완성된 일본의 역사서
예요. 덴무 천황(天武天皇)의 명
으로 제작되었는데 백제의 역사
서를 주로 참조하면서 천황가에
불리한 부분은 삭제하거나 왜곡
하여 기록하였어요.

판사   칠지도에 그렇게 적혀 있다고요?

우키다 변호사   그렇습니다. 물론 칠지도에 적힌 글을 두고 많은 학자와 전문가들의 의견이 달라서 진실을 파헤치기가 쉽지 않습니다. 하지만 칠지도의 명문이 원고의 주장처럼 '백제가 일본에게 내려 주었다'고만 해석된다고 볼 수 없습니다. 또 몇 자 되지도 않는 칠지도의 명문에 근거해서 왈가왈부할 것이 아니라 분명히 '백제가 칠지도를 일본에 바쳤다'는 기록도 있습니다. 『일본서기』를 증거물로 제출합니다.

『일본서기』

"저게 말로만 듣던 『일본서기』야?"

"그러네. 하지만 일본의 역사서라고 해도 사실이 왜곡된 부분이 많아 영 믿을 게 못 된다는 말이 있던데……."

"에잇! 그래도 한 나라의 역사서인데, 그럴 리가."

방청객은 저마다 증거 자료를 보려고 목을 삐죽 내밀었다.

우키다 변호사는 사람들의 반응을 살피며 말을 이었다.

우키다 변호사　　원고 측에서는 야마토 씨가 사실을 조작해 소문을 퍼뜨리고 명예를 손상시켰다고 주장합니다. 그렇다면 그렇게 주장할 수 있는 증거가 있습니까? 하지만 우리 쪽에는 '칠지도를 백제가 왜에 바쳤다'는 『일본서기』의 기록이 있습니다. 피고 야마토 씨가 사실을 알리지 않을 이유가 없지요.

　　재판장님, 원고는 뚜렷한 증거도 없이 피고가 역사를 조작했다고 몰아세우고 있습니다. 이건 모략입니다. 피고 측은 오히려 피해자입니다. 재판장님, 이러한 상황을 헤아려 주시기 바랍니다.

판사　　원고의 입장이든 피고의 입장이든 항상 깊이 헤아리려고 노력하고 있으니 그 점은 염려 마세요. 자, 오늘 공판의 주요 내용은 '과연 칠지도에 어떤 내용이 적혀 있느냐?' 하는 것입니다. 전문적인 사항이 많아서인지, 피고 측에서 기술자 씨를 증인으로 신청하였네요.

　　증인이 실타래처럼 꼬인 이번 사건의 실마리를 풀어 주길 기대합니다. 증인은 나와서 증인 선서를 해 주세요.

기술자　　나, 기술자는 양심에 따라 숨김과 보탬 없이, 있는 사실을 그대로 말하고, 만일 거짓말이 있으면 위증의 벌을 받을 것을 맹세합니다.

판사　　좋습니다. 기술자 씨는 간단히 자기소개를 해 주세요.

기술자　　나는 금석문(金石文), 그러니까 칠지도 같은 유물에 새겨진 글자를 수십 년 동안 연구해 온 사람입니다. 이 분야에서는 전문가라고 할 수 있지요.

우키다 변호사　　네, 소개 감사합니다. 그럼 증인 신문을 시작하겠습니다. 증인, 먼저 '백제에서 칠지도를 만들어 왜에 준 것'이 맞습니까?

기술자　　맞습니다.

우키다 변호사　　그런데 이 칠지도가 백제에서 만든 게 아니라, 중국 남북조 시대에, 동진(東晉)이란 나라에서 만든 것을 백제가 일본에 전달만 한 것이라는 설이 있던데요? 이 점에 대해서 증인은 어떻게 생각하는지요?

기술자　　그런 말이 있기는 하지만, 칠지도에 백제를 뜻하는 글자도 있고, ▶칠지도의 철 성분을 분석해 봤을 때 백제에서 만든 것은 거의 확실합니다. 일본에서 만들었다는 주장이 있기도 합니다만, 그것은 더욱 말이 안 되지요.

판사　　그렇다면 칠지도가 백제에서 만들어졌다는 것은 확실하다고 믿어도 되겠군요.

우키다 변호사　　일단 그렇습니다. 재판장님! 우선 제가 칠지도에 새겨진 글자들을 슬라이드로 준비해 왔으니 잘 보아 주시기 바랍니다.

교과서에는

▶ 강철로 만든 칠지도에는 금으로 상감한 글자가 새겨져 있습니다. 이것은 백제가 우수한 금속 기술을 가지고 있었다는 것을 보여 줍니다.

(앞면) 泰□四年□月十□日丙午正陽造百□□□□□□百兵□□供□王■■■■作

(뒷면) 先世以來未有此□百□□□□□生聖□故爲□王□造傳□□□

왜 백제의 칠지도가 일본에 있을까?

칠지도의 모양은 본 적이 있었지만 거기에 새겨진 글까지 자세히 본 사람은 거의 없었던 탓에 방청객들의 눈이 동그래졌다. 우키다 변호사는 한자를 또박또박 읽었다. 그러고는 증인에게 질문을 던졌다.

우키다 변호사   기술자 씨. 저기, 빈칸의 글자는 잘 보이지 않는 것들이죠? 그렇다면 그 보이지 않는 글자들을 어떻게 해석해야 할까요?

기술자   글쎄요. 전문가들마다 해석이 조금씩 달라 논란이 있기는 하지만 대충 맞추어 보면 이렇습니다.

(앞면) 泰和四年五月十六日丙午正陽 造百練鐵七支刀 以. 百兵
　　　宜供供候王 □□□□作
(뒷면) 先世以來未有此刀 百滋王世子奇生聖音 故爲倭王旨造 傳
　　　示後世

우키다 변호사   어려운 한자라 일반 사람들이 해석하기가 쉽지 않군요. 증인께서 좀 도와주시겠어요?

기술자   같은 글자라도 어떻게 보느냐에 따라 해석이 달라집니다. 내가 볼 때는 이렇게 해석이 될 것 같습니다.

(앞면) 태□(泰□) 4년 □월 16일 병오일 정오에 무쇠를 백 번이나
두들겨서 칠지도를 만든다. 이 칼은 백병(재앙)을 피할 수 있
다. 마땅히 후왕에게 줄 만하다.

(뒷면) 선세(先世) 이래 아무도 이런 칼을 가진 일이 없는데, 백자왕
(百慈王)은 세세로 기생성음(奇生聖音)하므로 왜 왕 지(旨)를
위하여 만든다. 후세에 길이 전하라.

우키다 변호사　어? 해석에 좀 문제가 있는 것 같은데요? 방금 증인은 宜供供候王(의공공후왕)이라는 구절을 '후왕에게 줄 만하다'라고 해석하셨는데, '후왕에게 바칠 만하다'라고 해야 하는 거 아닌가요?

기술자　바로 그 구절이 전문가들 사이에서도 가장 문제가 되는 부분입니다. 일단 '후왕에게 줄 만하다'라고 해석했지만 '후왕에게 바칠 만하다'라고 해석해도 틀렸다고 할 수는 없지요.

우키다 변호사　그렇다면 증인의 개인적인 입장은 어떻습니까?

기술자　내가 결론을 내릴 수 있는 문제는 아닌 것 같네요. 나도 신중해야 하니까요.

우키다 변호사　그렇다면 '후왕에게 바칠 만하다'라고 해도 별문제가 없다는 말씀이지요?

기술자　그렇습니다.

우키다 변호사　이상입니다.

　우키다 변호사는 맞은편에 앉은 한국인 변호사를 힐끗 쳐다보고는 자리에 앉았다.

판사　원고 측, 반대 신문하시겠습니까?

한국인 변호사　네. 증인, '宜供供候王(의공공후왕)'이라는 글은 전문가들도 서로 해석이 다르다고 하니 일단 넘어가지요. 그렇다면 '왜왕 지(旨)를 위하여 만든다'는 해석은 어떻습니까? 당시는 윗사람 이름을 함부로 부르지 못하는 시대였는데, 만약 왜 왕이 백제 왕보다

귀수왕

백제 제14대 왕(재위 375~384)
으로 『삼국사기』의 근구수왕을
의미합니다.

높은 지위에 있었다면 과연 저렇게 이름을 함부로 써서 새겨 놓았을까요? 전 그럴 수 없다고 봅니다. 이는 백제 왕이 왜 왕보다 높은 자리에 있었음을 증명하는 게 아닌가요?

기술자　당시가 윗사람의 이름을 함부로 부를 수 없는 시대였다는 점은 맞습니다.

한국인 변호사　만약 왜 왕이 백제 왕보다 높은 위치에 있었다면 '후세에 길이 전하라'라는 식으로 써 놓을 수 있었을까요? 그러니까 이것은 백제가 상전의 입장에서 왜 왕에게 전달했다는 것을 증명하는 구절로 볼 수 있지요. 그리고 증인 참석을 끝끝내 거부하셨지만, 피고 측의 후손인 우에다 마사키 교토대 교수도 '칠지도는 본국(백제)의 근초고왕과 귀수 세자가 왜의 오오진 일 왕과 그의 후세를 축복하며 하사한 것'이라고 주장하였습니다.

기술자　그렇게 보는 시각도 있습니다.

우키다 변호사　재판장님, 이의 있습니다. 조금 전 원고 측에서는 爲倭王旨造(위왜왕지조)를 '왜 왕, 지(旨)를 위하여 만든다'고 해석했는데, 띄어쓰기를 다르게 하여 王旨(왕지)를 '왕의 뜻'이라고 볼 수도 있지 않겠습니까? 그렇다면 '(백제가) 왕의 뜻을 받들어 왜를 위하여 만들었다'라고 해석할 수도 있을 것 같군요. 한때는 百滋王世子奇生聖音(백자왕세자기생성음)을 '백제 왕세자에 기생성음이라는 사람이 있었던 것'으로 해석했지 않습니까?

기술자　네. 그런데 확인해 보니 백제 왕세자 중에는 기생성음이라고 알려진 사람이 없었지요. 기생(奇生)을 백제 귀수왕이라고 보는 경우도 있지만 크게 설득력은 없습니다. 마찬가지로 일본의 천황 중에도 지(旨)라고 불릴 만한 사람이 없습니다. 또 하나, 당시 백제에서는 '세자(世子)'가 아니고 '태자(太子)'라는 말을 사용했습니다.

우키다 변호사 바로 그렇습니다. 그러니 倭王旨(왜왕지)도 굳이 '왜의 왕, 지(旨)'라고 보아야 할 이유가 없습니다.

기술자 네, 뭐 해석의 자유는 누구에게나 있는 것이니까…….

우키다 변호사 그리고 傳示後世(전시후세), 이 부분도 그렇습니다. 꼭 그렇게 '후세에 대대로 전하여 보아라'라고 윗사람이 아랫사람에게 명령하는 뜻으로 해석할 필요는 없는 것이 아닙니까? 얼마든지 '대대로 전해서 보여 주세요'라는 공손한 표현으로 해석해도 될 것 같은데 이 점은 어떻습니까?

기술자 일리 있는 주장이라고 여겨집니다.

우키다 변호사 재판장님, 이상입니다.

판사 원고 측에서는 더 이상 반박 신문 없습니까?

판사의 말에 한국인 변호사가 증인 기술자를 날카로운 눈빛으로 쳐다보며 걸어 나왔다.

한국인 변호사 증인, 당시 백제의 역사 기록과 자료를 찾아보면 '왕의 뜻'이라는 의미로 왕지(王旨)라는 글이 자주 나옵니까?

기술자 많이 나오지는 않습니다.

한국인 변호사 그렇다면 백제에서 잘 쓰지 않았던 표현이라고 보

아야겠네요?

기술자　　그렇다고 볼 수 있겠네요.

한국인 변호사　　그런데 평소에 잘 쓰지도 않는 글을 굳이 칠지도에 만 썼다고 볼 수 있을까요?

기술자　　음, …… 그럴 확률이 낮은 건 사실입니다.

한국인 변호사　　내가 보기엔 같은 이름도 서로 다른 소리를 내야 하는 말이 있는데, 이를 한자로 옮기다 보니 글자가 달라진 게 아닐까 싶습니다. 이름을 부를 때도 한 글자만 골라서 부르는 경우가 있고, 마음대로 이름을 붙이는 경우도 있지요.

판사　　가령 어떤 것들이 있습니까?

한국인 변호사　　예를 들어 고구려 장수왕의 이름인 거련(巨璉)에서 연(璉) 자만 쓴다든가, 백제 고국원왕의 이름을 쇠(釗)라고 부른다든가……. 반드시 그렇다고 주장할 수는 없지만, 귀수를 기생으로 쓰는 것도 못할 일은 아니죠. 그렇다면 왜의 왕 중에 비슷한 이름을 가진 사람을 그냥 지(旨)라고 쓸 수도 있는 것이 아닌가요?

기술자   그럴 가능성도 있습니다.

한국인 변호사   또 만약 당시 백제가 아랫사람이었다면 왜에 칠지도를 만들어 보낼 때 '어렵게 만들었고, 재앙을 피할 수도 있으며, 아무도 갖지 못한 칼을 당신을 위해 만들었다'라며 윗사람에게 온갖 생색을 낼 수 있다고 보나요? 그러면서 마지막 구절을 공손한 표현으로 '후세에 두고두고 전해서 보세요'라고 해석하는 것은 피고 측이 억지를 부리는 것이라고 생각되네요. 증인도 이상하다고 생각하지 않습니까?

기술자   그게, 좀 어색하긴 합니다만…….

한국인 변호사   이상입니다. 재판장님!

     한국인 변호사는 당당한 표정으로 자기 자리로 돌아가 앉았다. 한국인 변호사가 숨을 고르는 사이, 우키다 변호사는 다시 서류를 챙기며 바쁘게 움직였다.

이소노카미 신궁에서 발견된 칠지도

칠지도는 현재 일본의 나라 현에 있는 덴리 시의 이소노카미 신궁에 보관
되어 있습니다. 이 신궁은 진무 천황이 나라를 평정했다는 신검을 모신 곳입
니다. 이곳에는 누구도 열어 봐서는 안 된다는 금기를 가진 아주 오래된 상자
가 하나 있었습니다. 그런데 1873년 무렵에 이 신궁을 관리하던 간 마사토모
(菅政友, 1824~1897)가 금기를 깨고 상자를 열어 보았지요. 처음 상자를 열어
보았을 때 물품 목록에는 '육차모'라는 이름이 적혀 있었습니다. '여섯 갈래(가
지)의 창'이라는 뜻이지요. 일본 학자들은 이 유물이 바로 『일본서기』에 나오
는 '칠지도'의 기록을 증명한다고 생각했습니다. 그러나 이 칠지도가 『일본서
기』의 칠지도 기록을 증명한다고 보기에는 논란의 여지가 많습니다. 백제 근
초고왕 때인 372년에 '칠지도를 일본에 주었다는 것'이 지배적인 통설이지
만 또 다른 견해도 있습니다. 지금까지 한국이나 일본, 중국에서 출토된 금은
으로 상감된 칼은 모두 5세기 후반부터 6세기 전반에 제작된 것으로 판명되
었지요. 따라서 칠지도 역시 5세기 후반에 제작된 것으로 보는 학자도 있습니
다. 그렇다 보니 이소노카미 신궁에서 발견한 칠지도와 『일본서기』에 나오는
칠지도를 서로 다른 것으로 보는 견해도 있지요.

2

『일본서기』는 어떻게 조작되었을까?

우키다 변호사　재판장님, 칠지도에 새겨진 명문에 관한 해석은 논란이 끝이 나질 않을 것 같습니다. 당시 백제와 일본의 관계를 말해 줄 수 있는 또 다른 기록이 필요하다고 봅니다. ▶이에 또 다른 증거물인 『일본서기』를 가지고 변론을 이어 나가겠습니다.

판사　그게 좋겠군요. 그렇게 하세요.

우키다 변호사　칠지도의 명문은 누가, 어떻게 해석하느냐에 따라 논란의 여지가 매우 큽니다. 그걸 예측 못하면 나, 우키다 변호사가 아니지요. 배심원과 방청석에 계신 여러분, 『일본서기』는 일본의 가장 오래된 역사책으로 한국의 『삼국사기』에 견줄 만합니다. 여기 『일본서기』의

교과서에는

▶ 일본은 야마토 정권 초기에 한반도의 나라들을 통하여 중국 문화를 받아들였습니다. 이후에는 중국과 직접 교류하면서 한자, 유교, 불교 등의 문물을 받아들였지요. 나라 시대에는 『일본서기』, 『고사기』와 같은 역사책이 편찬되었습니다. 그러나 이 역사책들은 고대의 역사를 많이 왜곡하고 있습니다.

진구 황후

진구 황후는 가이카 천황의 현손(손자의 손자)이며, 추아이 천황의 황후입니다. 오진 천황의 어머니로 201년부터 269년까지 섭정(군주를 대신해 나라를 다스림)을 하였다고 전하지만 실제 천황으로서의 활동 연대는 321년부터 389년까지로 보고 있습니다. 신공 황후라고도 불리지요.

진구 황후(神功皇后) 52년의 기록 중에서 발췌한 부분을 보시기 바랍니다.

'백제인 구저 등이 칠지도 한 자루와 칠자경 한 개 및 여러 가지 귀중한 보물을 바쳤다'라고 분명히 적혀 있습니다. 이로써 백제가 일본에 칠지도를 바쳤다는 사실이 보다 확실하게 증명되는 게 아닙니까?

"뭐? 그게 정말이야?"

"책에 분명히 그렇게 나와 있다잖아. 역사책이 거짓말을 할 리가 없지. 일본에 바친 게 맞다니…… . 아뿔싸!"

『일본서기』의 내용이 밝혀지자 재판정은 매우 소란스러웠다.

우키다 변호사   후훗. 제가 준비한 결정적인 증거에 모두들 놀라신 모양입니다. 여러분이 이것도 아시는지 모르겠는데, 이소노카미 신궁에서 처음 칠지도가 발견되었을 때 물품 목록에는 분명히 '육차모', 곧 여섯 갈래(가지)의 창이라고 적혀 있었습니다. 그럼에도 이것이 칠지도라는 것을 알게 된 것은 바로 이 『일본서기』 덕분이지요. 이 기록은 워낙 의미가 뚜렷하기 때문에 달리 해석할 여지도 없을 것 같군요.

판사   그러니까 처음 발견했을 때는 '육차모'라고 했는데, 『일본서기』에 '칠지도'라고

칠지도가 발견된 이소노카미 신궁

기록되어 있어서 이후 '칠지도'라고 부르게 되었다는 말입니까?

우키다 변호사　그렇습니다. 그뿐만이 아닙니다. 『일본서기』에 보면, 백제 근초고왕이 손자 침류왕에게, "지금 내가 통교하는 바다 동쪽의 귀한 나라는 하늘이 열어 준 나라이다. 하늘과 같은 은혜를 내려 바다 서쪽을 나누어 우리에게 주었으므로 나라의 기틀을 잡게 되었다. 너도 마땅히 우호를 잘 다져 공물을 바치는 것을 그치지 않는다면 죽더라도 무슨 한이 있겠느냐?"라고 한 기록도 있습니다. 백제가 일본에 많은 은혜를 입었고, 그 은혜를 갚기 위해 매우 정성을 쏟았다는 사실을 확인할 수 있지요.

한국인 변호사　　이의 있습니다! 재판장님, 피고 측이 가지고 나온 『일본서기』는 조작된 기록에 불과합니다. 즉 피고 측은 조작된 기록을 증거 삼아 주장을 펴고 있습니다.

우키다 변호사　　재판장님, 원고 측 변호인은 근거도 제시하지 않고 『일본서기』를 조작된 기록으로 몰아가고 있습니다.

판사　　원고 측의 이의를 기각합니다. 만약 원고 측의 주장처럼 『일본서기』가 조작된 게 분명하다면, 조작되었다는 근거를 제시하기 바랍니다.

한국인 변호사　　네! 그럴 줄 알고 『일본서기』의 편찬에 참여했던 토네리 씨를 증인으로 신청하였습니다. 재판장님, 증인 토네리 씨를 지금 불러 주시기 바랍니다.

판사　　좋습니다. 증인은 먼저 증인 선서를 하고 증인석에 앉으세요.

토네리　　나, 토네리는 양심에 따라 숨김과 보탬이 없이 사실 그대로를 말하고, 만일 거짓말이 있으면 위증의 벌을 받기로 맹세합니다.

판사　　좋습니다. 변호인은 증인 신문을 시작해 주세요.

한국인 변호사　　토네리 씨 안녕하세요. 증인으로 나와 주셔서 감사합니다. 자기소개를 해 주시겠습니까?

토네리　　토네리라고 합니다. 『일본서기』를 편찬할 때 참여한 사람이지요. 나는 덴무 천황의 황자(皇子)로 당시 정일품(正一品) 지위에 있었습니다. 황실의 최연장자로 황태자를 도왔지요.

한국인 변호사　　▶그렇다면 『일본서기』를 편찬할 때 참고했다는 백제의 역사서인 『백제기』, 『백제신찬』, 『백제본기』에 대해 잘 아시겠군요.

토네리 잘 알고 있습니다.

한국인 변호사 그럼 『일본서기』를 만들 때 그 기록을 참고한 게 사실인가요?

토네리 사실입니다.

한국인 변호사 그렇다면 앞서 근초고왕이 손자 침류왕에게 말했다던 내용도 이 책에 적혀 있었단 말입니까?

토네리 그러니까 그걸 참고해 『일본서기』에도 비슷하게 적었겠죠?

한국인 변호사 증인은 그런 추측성 발언을 삼가고, 정확히 기억나는 내용만 말해 주시기 바랍니다. 다시 묻겠습니다. 그 내용이 확실히 적혀 있었나요? 증인, 위증의 죄는 무겁습니다.

토네리 음……, 글쎄요. 워낙 오래된 일이라 기억이 가물가물합니다.

한국인 변호사 증인! 기억이 안 난다, 모르겠다고만 하지 마시고 잘 생각해서 답변해 주시기 바랍니다. 혹시 책의 내용이 조작된 건 아닙니까?

우키다 변호사 이의 있습니다, 재판장님. 지금 원고 측 변호인은 증거도 없이 『일본서기』가 조작되었다고 말하며, 위증의 죄를 들먹이며 증인을 위협하고 있습니다.

판사 인정합니다. 원고 측 변호인은 주의해 주기 바랍

『백제기』, 『백제신찬』, 『백제본기』
『일본서기』에는 편찬할 때 백제의 책인 『백제기』, 『백제신찬』, 『백제본기』를 참고해서 썼다고 쓰여 있어요. 그렇지만 이 책들은 현재 전해지지 않아요.

교과서에는

▶ 현재 전해지는 가장 오래된 역사책은 고려 시대의 『삼국사기』이지만 삼국 시대에도 역사 편찬이 이루어졌습니다. 고구려에서는 『유기』가 편찬되었고, 영양왕 때 이문진이 이를 간추려 『신집』을 편찬했습니다. 신라 진흥왕 때는 거칠부가 『국사』를, 백제에서는 근초고왕 때 고흥이 『서기』를 편찬했습니다. 그러나 이 책들은 모두 전하지 않습니다.

니다.

섭정
왕이 너무 어리거나 병 등의 이유로 나라를 다스릴 수 없을 때 왕을 대신해 나라를 다스리는 일이나 다스리는 사람을 말합니다.

한국인 변호사　　재판장님, 피고 측이 증거로 제시한『일본서기』에서 진구 황후 섭정 9년 10월 기록을 보면, '진구 황후의 군대가 바다를 건너 몰려오자 신라 왕은 친히 배 앞에까지 와서 항복했다'고 되어 있습니다. 그리고 '신라가 항복했다는 소문을 들은 고구려와 백제도 대세를 파악하고는 달려와 싸움 한번 해보지 않고, 앞으로 속국이 되어 조공을 바치겠다고 서약했다'는 내용도 있습니다. 이후 고구려, 백제, 신라는 나라가 망할 때까지, 심지어 나라가 망한 이후에도, 야마토 정권에 조공을 바쳤다고 나옵니다. 좀 나중의 것이기는 하지만, 긴메이 천황 23년 8월의 기록에는 '고구려를 치니까, 고구려 왕이 담을 넘어 도망갔다. 고구려 왕궁의 금은보화를 빼앗아 왔다'라고 되어 있어요. 참, 기가 차서 말이 안 나오네요.

판사　　기가 차다니요? 그럼 그 기록이 사실이 아니란 말인가요?

한국인 변호사　　물론이지요.『일본서기』를 제외한 다른 역사서에는 고구려와 관련하여 이런 일이 있었다는 기록을 전혀 찾을 수가 없습니다. 그러니 조작 의혹이 생길 수밖에요. 게다가『일본서기』의 기록이 비교적 정확하다고 보는 6세기 무렵의 기록이 이 정도로 왜곡되었다면, 그 이전 시대의 내용도 뻔하지 않겠습니까? 완전히 날조된 기록인 거죠. '진구 황후 52년, 백제가 칠지도, 칠자경

진구황후

같은 귀중한 보물을 바쳤다'라는 글도 이 와중에 기록된 것입니다. 그런데 '칠지도를 바쳤다'고 말하는 이때가 백제가 역사상 최고의 전성기를 누리던 시절이었다는 사실은 피고 측도 인정하실 겁니다. 그런 백제가 신라가 일본에 정복되었다는 얘기만 듣고, 싸워 보지도 않고 일본의 신하가 되겠다고 자처하고, 맹세까지 했다고요? 재판장님, 이것은 앞뒤가 맞지 않습니다.

토네리   약간의 과장이 있었다는 점은 인정합니다. 하지만 그 정

진구 황후의 삼한 정벌설을 묘사한 그림

도는 다른 역사책을 편찬할 때도 흔히 있는 일입니다. 왜 『일본서기』
만 문제가 되는지 모르겠군요. 그 정도는 당시 관행이나 마찬가지였
어요. 물론 지금도 크게 달라진 것 같지는 않고요. 자기 나라 역사를
기록하면서 다 잘했고 훌륭했다고 쓰지, 누가 있는 사실 그대로만
쓸 수 있겠어요? 약간의 과장은 들어갈 수 있다고 봅니다.

한국인 변호사　증인, 지금 그 발언은 『일본서기』를 과장해서 썼다
는 점을 인정하시는 건가요?

토네리　사실 지침이 내려오기는 했어요. 천황 폐하께서 처음으로
큰마음 먹고 역사를 정리하기로 했으니, 이왕 쓰는 것 좀 좋게 쓰자
고 말입니다. 하지만 그건 다른 역사서를 편찬할 때도 흔히 있는 일
이라니까요.

한국인 변호사　그런데 증인이 쓴 기록은 좀 심하지 않습니까? 막
강한 힘을 자랑하던 고구려가 한번 싸워 보지도 않고 왜의 신하가
되겠다고 맹세했다는 식의 기록은 어느 나라에서도 쉽게 찾아보기

　왜 백제의 칠지도가 일본에 있을까?

어려울 것입니다. 게다가 사건이 일어난 시기도 조작했는데, 이 정도면 다른 역사서에서는 엄두도 내지 못할 아주 참신한 조작 같군요. 재판장님, 피고 측에서 제시한 증거들은 시대를 120년씩 앞당겨서 써 놓은 것들입니다.

판사　120년씩 앞당겨서 써 놓다니요? 증인, 이에 대해 말씀해 주시겠습니까?

토네리　그건 내가 착각을 좀 했어요. 진구 황후 정도의 인물이면 당연히 다른 나라에서도 알아주는 사람이겠거니 했고, 마침 중국이나 한국 쪽 기록에 히미코(卑彌呼, 175~248) 여왕이 나오기에 두 왕이 서로 같은 사람이라고 생각했던 겁니다.

한국인 변호사　그렇다고 100년이나 넘게 차이가 나는 사람을 같은 사람이라고 생각했다는 게 말이 됩니까?

토네리　위대했던 여왕에 초점을 맞춰 기록하다 보면 착각할 수도 있지요. 과거의 일을 기록해야 하는 역사가의 어려운 입장을 좀 헤아려 주셨으면 합니다만…….

한국인 변호사　착각이라고요? 재판장님, 이것은 다분히 의도적이라고 할 수 있습니다. 증인 혼자 『일본서기』를 쓴 것도 아니고 함께 작업했던 사람이 하나둘도 아니었을 텐데, 그들이 모두 착각을 했을까요? 그리고 책이 나온 뒤 읽은 사람은 또 얼마나 많겠습니까? 100년이나 넘게 차이가 나는 사람을 같은 사람으로 만들어 놓았는데 이 사실을 천 년 넘게 한 사람도 발견하지 못했다는 게 정말 믿기가 어렵군요.

히미코
히미코는 비미호라고도 불리며, 야마타이국의 여왕입니다. 『삼국지』「위지 왜인전」에 의하면 "그 나라는 본래 남자가 왕이었는데, 70~80년을 지나 왜국이 어지러워져서 몇 해 동안이나 서로 싸우다가 이윽고 함께 한 여자를 왕으로 삼으니, 이름이 히미코다"라고 하였습니다.

토네리　…… 뭐, 그렇게 보면 실수가 있었다고도 볼 수 있겠네요. 사실, 기록이라는 게 이렇게 보면 이렇게도 보이고, 저렇게 보면 저렇게도 보이니까…….

한국인 변호사　결국 보고 싶은 대로 보았다는 얘기네요. 그런데 왜 하필 100년이나 넘게 차이나는 히미코 여왕을 진구 황후와 같은 사람으로 보았습니까?

토네리　아, 그건 진구 황후를 특별히 훌륭한 사람으로 만들라는 지침이 내려왔기 때문입니다.

한국인 변호사　그러니까 진구 황후를 돋보이게 하려고 사건이 일어난 시기를 조작했다는 것이군요? 그런데 증인, 바로 그 시기가 '백제가 칠지도를 일본에게 바쳤다'고 나오는 그 시기라는 것을 잘 아시죠?

토네리　그…… 그렇게 되나요?

　증인 토네리 씨는 깜짝 놀란 표정으로 흐르는 땀을 닦았다. 그때를 놓치지 않고 한국인 변호사가 쩌렁쩌렁한 목소리로 말했다.

한국인 변호사　증인의 말을 정리하면, 진구 황후를 돋보이게 하기 위해 『일본서기』를 과장해서 써야 했는데, 그 시기에 칠지도가 일본에 전해졌단 말이군요. 그래서 '마침 잘됐다' 싶어 '백제가 일본에게 칠지도를 바쳤다'라고 쓰게 된 것이 아닙니까?

토네리　다른 나라의 기록에도 진구 황후가 훌륭하다는 기록이 있어야 황후가 국제적으로도 인정받는 지도자가 되지 않겠습니까. 그런데 다른 나라 기록에 나오는 일본 여왕이라고는 히미코밖에 없어서……. 그래서 그냥 같은 사람이라고 쓴 게 아닌가 싶습니다. 마침 그때는 시기를 60갑자(甲子)로 표시했으니까, 어차피 60년이면 같은 갑자가 되거든요. 두 바퀴만 돌리면 되니까 120년씩 앞당기게 됐나 봅니다.

한국인 변호사　재판장님, 잘 들으셨습니까? 구체적으로 어떻게 조작했는지 증인 스스로 말했습니다.

토네리　아니, 제 말은 일부러 조작했다는 뜻이 아니라……. 실수가 어느 정도는 있었던 것 같기도 하고.

한국인 변호사　증인, 뭘 그렇게 뱅뱅 돌려서 어렵게 말합니까? 결국 그 말이 그 말인 것을!

토네리　자꾸 나를 면박하는데 그렇게 따지고 들면『삼국사기』도 사건이 일어난 시기를 조작했다는 말이 있더군요. 한국 역사학자들 중에서도『삼국사기』가『일본서기』 뺨치게 조작되었다고 주장하는 사람들이 있다고 들었습니다. 우리는 그래도 규칙 있게 바꿔 놓았지,『삼국사기』에는 그런 것도 없습니다. 사건이 일어난 시기도 멋대로 조작하고, 심지어 가깝게 지내거나 전쟁을 한 상대까지도 마음대로 바꾸어 적어 놓았다더군요!

한국인 변호사　나도 그 점은 유감스럽게 생각합니다. 그렇지 않아도 그 일과 관련해 소송을 제기해 놓은 상태고요. 상대방이 피해 다니고 있어서 진척이 없을 뿐입니다. 언젠가 그 사람들도 한국사 법정에 세워 그 실체를 낱낱이 벗길 것입니다. 하지만 그 일은 이번 사건과는 별개의 문제입니다. 본 사건에 있어서 중요한 점은 피고 측이 증거로 제출한 『일본서기』의 기록이 조작됐느냐 아니냐 하는 문제입니다.

토네리　　변호사님도 참, 조금 과장만 했다니까요. 당시 천황들의 업적도 약간씩 과장한 측면이 있는데, 그건 벌써 오래전에 우리 역사학자들이 연구해서 다 밝혀 놓았습니다. 천황 중심으로 역사를 쓰다 보니 조금씩 과장되었다는 점은 어느 정도 인정하는 분위기죠. 하지만 그렇다고 해서 우리만 역사를 과장해서 쓴 것처럼 매도하진 말아 주세요. 그리고 기록이 전부 거짓말이라고 하면 억울하죠.

한국인 변호사　　하하. 토네리 씨? 토네리 씨의 증언을 들어 보면 조작을 하기는 했는데, 전부 조작한 건 아니라는 말씀이신가요?

토네리　　그, 그렇죠. 우리로써는 처음 써 보는 역사서였으니까 아무래도 시행착오가…….

한국인 변호사　　음, 처음 써 보는 역사서여서 좀 심하게 과장을 했다, 이런 얘기입니까?

토네리　　뭐 그런 측면도 없지는 않습니다. 그리고 참, 『일본서기』를 만들 때 백제인 씨의 후배들도 참여했습니다. 사실 우리는 정식으로 『일본서기』를 쓰기 전에 우리끼리 먼저 『고사기』라는 책을 만들었습니다. 그런데 여기저기서 『고사기』가 역사책 같지 않다는 말이 많았어요. 그런던 차에 ▶마침, 역사서를 써 본 경험이 있는 백제인 씨의 후배

교과서에는

▶ 백제 사람들은 직접 일본으로 건너가 문화를 전파하기도 했습니다. 아직기는 4세기에 일본의 태자에게 한자를 가르쳤고, 왕인은 일본에 『논어』와 『천자문』을 전했습니다. 이렇게 전파된 삼국의 문화는 6세기경 야마토 정권의 성립과 7세기경 아스카 문화의 형성에 큰 영향을 끼쳤습니다.

들이 우리나라로 건너왔기에 함께 참여하라고 했습니다. 중요한 부분을 쓸 때마다 그들에게 물어봐 가면서 같이 썼지요. 백제의 기록도 참고했고요.

한국인 변호사 그러니까 백제인 씨의 후배들도 참여했고, 백제의 기록도 참고했으니 전부 조작한 것은 아니다, 결국 이런 얘기지요?

토네리 그렇다고 할 수 있지요.

한국인 변호사 어쨌든 증인의 말에 의하면 『일본서기』의 편찬에 백제 사람들도 참여했다고 하니 그분들 중 한 분을 모셔 보지 않을 수 없네요. 재판장님, 『일본서기』 편찬에 참여한 새로운 증인을 신청합니다.

판사 증인을 부르기 전에, 피고 측에서는 할 말이 없습니까?

우키다 변호사 있습니다. 증인의 말을 종합해 보면, 처음 써 보는 역사책이다 보니 일부 과장하는 실수를 하기는 했지만 전부 조작한 건 아니라는 말씀이지요?

토네리　　그렇습니다.

우키다 변호사　　더구나 백제의 기록까지 충실하게 참고했고요?

토네리　　원고 측의 기록을 참고한 것은 틀림없는 사실입니다.

우키다 변호사　　그러니까 없는 사실을 지어내서 쓴 것은 아니군요. 특히 이번 사건과 관련한 내용은 조작이 아니라고 봐야겠군요?

토네리　　그렇다고 하는 편이 여러 가지로 보아 사리에 맞지 않나 싶네요.

우키다 변호사　　그렇다는 뜻으로 이해하겠습니다. 이상입니다.

판사　　그럼 좀 전에 원고 측에서 요청한 『일본서기』 편찬에 참여한 백제 사람을 불러 이야기를 들어 봐야겠네요.

한국인 변호사　　고맙습니다. 그럼, 원고 백제인 씨의 후배이자 일본으로 건너가 『일본서기』의 편찬 작업을 같이 했던 도망자 씨를 증인으로 불러 주십시오.

판사　　증인은 나와서 증인 선서를 해 주십시오.

대기하고 있던 증인 도망자는 주위의 눈치를 살피며 느릿느릿 걸어 나왔다. 다른 증인들과 같이 진실을 말할 것을 맹세했지만, 불안한 듯 눈동자를 이리저리 굴렸다.

한국인 변호사　　증인, 어려운 자리에 나와 주셔서 감사합니다. 저쪽에 앉아 있는 원고 백제인 씨 잘 보이시죠? 한때 선배였던 사람에게 부끄럽지 않도록 솔직한 증언을 부탁드리겠습니다. 용기가 안 나면 원고 백제인 씨의 얼굴을 한번 봐 주시고요.

　　도망자는 백제인의 얼굴을 한번 보고는 재빨리 고개를 돌렸다. 무언가 부끄러운 듯 얼굴이 붉게 달궈졌다.

우키다 변호사　　재판장님, 이의 있습니다. 원고 측 변호사는 지금 원고와 증인의 인간관계를 이용해 원하는 답변을 유도하려고 합니다. 주의를 줄 것을 요청하는 바입니다.

판사　　인정합니다. 원고 측 변호인은 사건과 관련된 사실만 증인에게 물어보기 바랍니다. 그리고 증인은 사실 그대로만 성실하게 답변해 주세요.

한국인 변호사　　알겠습니다. 토네리 씨에 의하면 증인은 백제 사람이었지만 일본으로 건너가 『일본서기』 편찬에 참여했다는데, 사실입니까?

도망자　　사실입니다.

한국인 변호사　　그러면 증인은 일본인들과 함께 『일본서기』 편찬 작업을 하면서 자신의 의견을 소신 있게 냈습니까?

도망자　　…….

한국인 변호사　　증인, 답변해 주시기 바랍니다.

도망자　　…… 천황의 지침이 워낙 강력했습니다. 우리는 그 지침의 한계 내에서만 쓰게 되어 있었지요. 그러니 외국인이었던 우리들의 의견이 반영되면 또 얼마나 반영되었겠습니까?

한국인 변호사   그러면 앞서 토네리 씨가 증인의 의견을 참고해 『일본서기』를 썼다는 말은 무슨 의미입니까?

도망자   주로 기술적인 문제들이었습니다. 『일본서기』를 쓰기 전 자기들끼리 썼던 『고사기』가 워낙 역사책 같지 않으니까, 어떻게 해야 역사책처럼 보일 수 있느냐는 점을 주로 물었던 것 같습니다.

한국인 변호사   그러니까 『일본서기』에 기록하는 사건들이 사실인지 아닌지의 여부에 대해서는 증인도 모르셨겠군요.

도망자   그렇습니다. 지침은 오로지 천황을 돋보이게 만드는 것이었고, 작업에 참여했던 사람들은 그 지침을 충실히 이행하는 데에만 온 힘을 쏟았습니다. 그러면서도 다른 나라 역사책에 비해 티가 나게 품격이 떨어지게는 하지 말라고 했습니다. 그게 작업의 최대 과제였지요.

한국인 변호사   그러면 『일본서기』를 엮으면서 의견이 맞지 않는 역사적 사실에 대해서는 어떻게 했습니까?

도망자   말씀드렸다시피 우리들은 그러한 것에 의견을 낼 입장이 아니었습니다. 아예 묻지도 않았고요. 우리들에게는 그저 '이런 방식으로 쓰면 되느냐' 하는 식으로 기술적인 자문만 구했습니다.

한국인 변호사   그러면 백제의 기록을 참고했다는 얘기는 무엇입니까?

도망자   백제의 기록 중에 극히 일부만 참고해서 인용했을 뿐입니

다. 그것도 내용을 충실하게 반영했다고는 볼 수 없습니다.

한국인 변호사　증인의 말대로 실제로 『일본서기』를 보면 백제의 기록 중 일부만 인용해서 썼다는 것을 알 수 있었습니다. 그런데 그렇게 인용했으면서 어떻게 출처를 밝혔는지 모르겠습니다.

도망자　어디서 인용했는지 그 출처는 밝혀 두는 게 예의가 아니냐고 했더니 그 말은 들어주더군요.

한국인 변호사   그러면 당시 참고한 백제 측의 기록에도 '칠지도를 일본에게 바쳤다'고 되어 있었나요? 백제의 기록에는 '백제가 일본에 칠지도를 내려 주었다'고 되어 있었지요? 증인, 기억을 떠올려 보시기 바랍니다.

우키다 변호사   재판장님, 이의 있습니다. 원고 측 변호인은 증인에게 특정한 증언을 강요하고 있습니다.

판사   인정합니다. 원고 측 변호인은 자신의 의견을 강요해선 안 됩니다. 거, 알 만한 사람이…….

한국인 변호사   알겠습니다. 그러면 '백제의 기록을 참고하고 인용도 했지만, 충실하게 내용을 옮겨 적은 것은 아니다' 뭐 이렇게 이해해도 되겠습니까?

도망자   그렇다고 볼 수 있습니다.

한국인 변호사   증인, 지금까지 증인의 말을 정리하겠습니다. 증인은 『일본서기』 편찬에 참여를 하기는 했으나, 역사적 사실을 검토하고 수정할 권한은 없었기 때문에 그 내용의 진실성을 보증할 수는 없다', 이렇게 결론 지어도 되겠습니까?

도망자   그럴 것 같네요.

한국인 변호사   그런데 증인은 왜 역사가 왜곡되는 현장에 있었으면서도 가만히 지켜보았나요?

도망자   우리는 백제가 망해서 일본에 도망가 있던 신세였습니다. 갈 곳도 없는 신세에다가 눈칫밥을 먹으며 일하는 데 듣기 싫어하는 말을 어떻게 할 수 있겠습니까? 그들은 『일본서기』를 편찬하는 데 참여한 사람들에게 좋은 대우를 해 주었습니다. 그래서 더더욱 마음에 있는 말을 할 수 없었답니다.

한국인 변호사　　그렇다면 증인, 그때 참고했다던 백제의 기록들은 지금 어디에 있습니까? 그 책들이 있다면 모든 의문이 명쾌하게 풀릴 텐데 왜 모두 사라진 것입니까?

도망자　　그 책들이 지금 어디에 있는지는 나도 모르겠습니다. 편찬할 때에는 분명히 옆에 두고 참고했었는데, 일을 마치고 난 뒤로는 본 적이 없습니다.

한국인 변호사　　안타깝군요. 어쨌든 알겠습니다. 이상입니다.

판사　　피고 측 변호인도 증인 도망자 씨에게 신문하겠습니까?

우키다 변호사　　네, 재판장님!

우키다 변호사는 앞으로 걸어 나와 피고 앞에 섰다.

우키다 변호사　　증인, 증인은 분명히 『일본서기』 편찬에 참여했다고 했지요?

도망자　　그렇습니다.

우키다 변호사　　그렇다면 자신이 참여한 책의 내용에 책임을 져야 하지 않습니까?

도망자　　책임이 없다는 말은 안 했습니다.

우키다 변호사　　그러면 좋은 대우를 받으며 참여해 놓고, 왜 이제 와서 내용의 진실성을 보증할 수 없다고 말합니까? 내용에 문제가 있으면 증인도 잘못한 것 아닌가요?

한국인 변호사　재판장님, 이의 있습니다. 피고 측 변호인은 별다른 선택을 할 수 없었던 증인의 처지를 악용해 증인을 압박하고 있습니다. 또한 사건의 핵심은 증인이 증거를 조작하는 데 책임이 있느냐 없느냐가 아니라, 증거가 조작되었느냐 아니냐 하는 점입니다. 따라서 피고 측 변호인의 질문은 사건의 핵심과 상관없는 인신공격에 가깝습니다.

판사　인정합니다. 피고 측 변호인, 주의해 주세요. 이 사건은 증거 조작에 대한 증인의 책임을 묻는 자리가 아닙니다. 계속 질문하겠습니까?

우키다 변호사　…… 아닙니다. 마치도록 하겠습니다.

한국인 변호사　재판장님, 그렇다면 『일본서기』 편찬에 참고는 했지만 이후 사라져 버렸다는 백제 역사책의 행방을 알기 위해 피고 야마토 씨에게 질문을 하고 싶습니다. 피고 야마토 씨를 신문할 수 있게 해 주십시오.

판사　좋습니다.

야마토가 입을 삐죽거리며 한국인 변호사를 쳐다보았다.

한국인 변호사　피고, 『일본서기』의 원본이라고도 할 수 있는 백제 측의 기록은 이후에 어떻게 되었습니까? 대체 어디에 원본을 숨긴 겁니까? 대답해 주시지요.

야마토　　나도 그 책이 지금 어디에 있는지 모르겠습니다. 변호사님께서는 마치 내가 진실을 알고 있는데 숨긴 것처럼 나를 모함하는 군요. 백제 측 기록이 없어져 버렸는지, 창고 어딘가에 있는지 알 수가 없습니다.

한국인 변호사　　분명히 어딘가에 잘 보관하고 있을 거 아닙니까?

야마토　　나는 모른다니까요. 변호사님, 내가 남의 나라 역사책을 잘 보관하고 있어야 할 의무가 있는 건 아니지 않습니까!

한국인 변호사　　그러면 피고의 창고를 찾아보면 되겠군요. 그런데 피고는 왜 창고를 속 시원히 열어 보이지 않는 겁니까?

우키다 변호사　　재판장님, 이의 있습니다. 상대 측 변호인은 마치 피고가 원고에게 필요한 기록을 찾아 주어야 할 의무가 있는 것처럼 이야기하고 있습니다.

한국인 변호사　　아닙니다, 재판장님. 저는 본 재판에 반드시 필요한 기록이 혹시라도 남아 있는지 확인하는 것뿐입니다.

판사　　음, 인정합니다. 자료가 남아 있는지의 여부는 확인해야 할 사항이라고 판단됩니다. 증인 신문을 계속하세요.

한국인 변호사　　감사합니다. 재판장님, 피고 측은 칠지도를 발견했던 창고를 전혀 공개하지 않고 있습니다. 분명히 그곳만 잘 찾아보아도 뭔가 증거들이 나올 것입니다.

야마토　　왜 우리 창고를 남에게 공개해야 합니까? 변호사님은 그 댁 창고를 남들이 마음대로 뒤지도록 놔두나요?

한국인 변호사　　그 얘기가 아니지 않습니까? 논란이 되는 자료가 있는지는 찾아봐야 하지 않습니까?

야마토　　그러다가 엉뚱한 거라도 나오면 어쩌라고요! 내 사생활만 곤란해지는 거 아닙니까. 그렇게는 못 합니다.

한국인 변호사　　아! 사생활을 침해받을까 봐 공개하지 않으셨다면 본인이 개인적으로 백제 측 기록을 찾아보기는 했나요?

야마토　　은혜도 모르고 소송이나 거는 사람들 좋으라고 내 시간과 돈을 들여 가면서 필요한 것을 찾아 주어야 하나요?

백제인　　은혜는 무슨 은혜? 역사서도 어떻게 쓰는지 몰라서 우리 후배들을 불러 배웠으면서. 그리고 우리 역사책을 분명히 가지고 있잖아! 이제 와서 모른다는 게 말이 돼? 빨리 내 놓으시지!

　　야마토 씨의 말에 참다못한 백제인 씨가 버럭 화를 내며 끼어들었다. 이에 질세라 야마토도 삿대질을 하면서 말했다.

야마토　　오갈 데 없는 당신 후배들에게 있을 곳도 마련해 주고 일자리까지 주었더니 뭐가 어쩌고 어째?

판사　　조용, 조용! 여긴 법정입니다. 계속 싸우면 둘 다 퇴장시키겠습니다. 원고 측 변호인, 더 질문하겠습니까?

한국인 변호사　　무조건 모른다고 하니 더 이상 할 말이 없습니다. 이것으로 마치겠습니다.

판사　　그럼 피고 측 변호인은요?

우키다 변호사　　없습니다.

판사   자, 벌써 시간이 이렇게 되었네요. 오늘 재판에서는 칠지도에 새겨진 글을 어떻게 해석해야 하느냐와 당시의 상황을 말해 줄 수 있는 또 다른 기록물인 『일본서기』가 과연 조작되었는지에 대해 살펴보았습니다. 오늘의 증언과 제출된 증거들은 다음에 열릴 두 번째 재판에서 주요한 근거로 채택될 것입니다. 오늘의 공판은 이것으로 마칩니다.

땅, 땅, 땅!

일본의 고대 역사

일본의 신석기 문화는 '조몬 문화'라고 합니다. '조몬'은 빗살무늬를 뜻하는데, 빗살무늬 토기가 그 시대의 유물을 대표하기 때문입니다. 기원전 3세기 무렵부터 대륙과 한반도에서 벼농사와 청동기, 철기가 전파되어 '야요이 시대'가 시작되었습니다. 중국 측 기록에 왜가 등장하는 것도 바로 이 무렵이지요. 벼농사가 시작된 이후 일본 열도에는 소국들이 등장합니다.

조몬 시대의 빗살무늬 토기

이 소국들은 한반도의 남부 및 낙랑군과 교류하면서 새로운 문화를 받아들이고 일본의 독자적인 문화를 만들어 갔습니다.

3세기에 야마타이 국의 여왕이 최초의 왜 왕이 되었고, 야마토 지방(지금의 나라 현)의 호족들을 중심으로 '야마토 정권'이 성립되었습니다. 야마토 정권은 한반도에서 선진 문물을 수입하면서 일본 열도의 통일을 추진하였지요. 4세기 중엽 이후 나라 지방을 중심으로 통일 국가를 수립했던 야마토 정권은 6세기 중엽 이후 백제로부터 불교를 도입하는 등 삼국의 문화를 받아들여 '아스카 문화'를 꽃피웠습니다.

왜 백제의 칠지도가 일본에 있을까?

다알지 기자

　　시청자 여러분, 안녕하십니까? 저는 오늘도
어김없이 한국사법정 앞에 나와 있습니다. 이번 사건
또한 관심이 매우 뜨겁습니다. 오늘 공판에서는 칠지도에 새겨진 명문
의 해석과 『일본서기』 기록의 진위 여부를 두고 양측의 치열한 논쟁이
오갔는데요. 먼저 백제인 씨부터 만나 보겠습니다. 백제인 씨, 오늘 재
판에 만족하십니까?

백제인

성과가 있었다고 봅니다. 적어도 피고 측에서 제시한 증거가 조작되었다는 점은 명백히 증명했으니까요. 피고 측은 『일본서기』에 백제 근초고왕이 진구 황후에게 칠지도를 바쳤다는 기록이 있다고 하지만, 결국 진구 황후를 돋보이게 하려고 조작한 것이라는 게 밝혀졌습니다. 게다가 『일본서기』에 120년이라는 시간적인 오차가 있다는 사실도 인정했고요. 아마 오늘 재판을 본 사람이라면 칠지도에 새겨진 명문을 백제가 왜의 '후왕에게 줄 만하다'라고 해석하는 데 이견이 없을 것입니다. 게다가 우리 백제가 일본에게 전해 준 것들이 얼마나 많다고요. 일본의 국보 제1호인 반가사유상도 기술로 보나 재료로 보나 백제에서 만들어 보내 준 것이지요.

왜 백제의 칠지도가 일본에 있을까?

야마토

　절대 인정할 수 없습니다. 『일본서기』는
우리 일본에 대대로 전해 내려오는 뛰어난 역
사서입니다. 그 기록이 조작되었다니요! 토네리 씨
의 증언은 전반적으로 보아서 손을 댄 흔적이 있다는 뜻이지, 칠지도
와 관련한 『일본서기』의 기록이 조작되었다는 뜻은 아니었습니다. 기
록이 조금 과장되거나 실수가 있다고 해서 칠지도와 관련된 기록도 조
작되었다고 볼 수는 없죠. 그리고 자꾸 백제인 씨가 일본이 백제의 도
움을 받았다는 것을 강조하는데. 내가 언제 아니라고 한 적이 있습니
까? 게다가 옛날 옛적에 가르쳐 준 게 많다고 해서 칠지도를 바친 게
아니라고 할 수는 없잖아요? 일본 기록에 바쳤다고 되어 있으니까 나
는 믿을 수밖에 없지 않겠습니까? 억울하면 우기지만 말고 증거, 다른
증거를 찾아오시라고요!

백제는
어떤 나라였을까?

1. 가야는 누가, 무엇 때문에 정벌했을까?
2. 백제는 황제의 나라였을까?

1

가야는 누가, 무엇 때문에 정벌했을까?

판사   오늘은 1차 공판 때보다 더 많은 분들이 온 것 같네요. 이번 재판도 기대되는군요. 그럼 2차 공판을 시작하겠습니다. 모두 정숙해 주시기 바랍니다. 오늘 재판에서는 과연 당시 백제가 어느 정도의 힘을 가진 나라였는지에 초점을 맞추어 양쪽의 변론을 들어보겠습니다. 왜냐하면 당시 백제가 어떤 나라였는지를 아는 것이, 칠지도를 왜에 내려 주었는지 혹은 바쳤는지를 가늠해 볼 수 있는 중요한 증거가 될 수 있기 때문입니다. 원고 측 변호인부터 시작해 볼까요?

한국인 변호사   네, 재판장님. 백제는 당시 피고 측이 주장하는 것처럼 남 눈치나 보던 나라가 아니었습니다. 오히려 주변 국을 뜻대로 움직일 수 있었던 나라였지요. 그러니까 당시 백제의 국제적 위상만 시원하게 밝혀진다면 자연스럽게 칠지도에 대한 시비도 가려

질 것입니다. 그래서 오늘은 그 점을 밝혀 줄 증인으로 목라근자 장군을 신청해 두었습니다.

판사　목라근자 장군이라고요?

한국인 변호사　▶증인 목라근자 장군은 『일본서기』에 '백제가 일본에 칠지도를 바쳤다'고 되어 있는 그 시기 무렵, 가야 지역을 평정하는 작전에 직접 참여했던 분입니다. 따라서 당시 백제가 어떤 위상을 가진 나라였는지 알아보는 데 결정적인 증언을 해 줄 수 있으리라고 생각합니다. 존경하는 재판장님, 증인을 불러 주시기 바랍니다.

판사　좋습니다, 증인은 나와서 증인 선서를 하고 앉아 주시기 바랍니다.

근엄한 표정의 목라근자 장군이 성큼성큼 걸어 나와 선서를 하고 증인석에 앉았다.

한국인 변호사　간단히 자기소개를 해 주실까요?

목라근자　안녕하십니까. 나는 백제의 장군 목라근자라고 합니다. 369년 가야를 정벌하는 작전을 지휘한 바 있습니다.

한국인 변호사　증인, 무엇을 이루고자 백제가 가야를 정벌했나요?

목라근자　가야 지역의 10여 개 나라를 우리의 영향권으로 끌어들이기 위해서였소.

한국인 변호사　증인은 누구의 명령으로 참여한 것입니까?

교과서에는

▶ 백제는 4세기 중반에 낙동강 유역의 가야에 대한 지배권을 행사했습니다.

목라근자　변호사님, 누구긴 누구겠소! 우리 백제의 위대하신 근초고왕 폐하지요.

한국인 변호사　혹시 일본의 명령을 받은 적은 없습니까?

목라근자　일본의 명령이라니요? 그런 적 없소. 백제 장군인 내가 저자들의 명령을 받을 이유가 있소?

한국인 변호사　그렇다면 백제의 가야 정벌에 왜 일본이 참여한 것입니까?

목라근자　합동 작전이었소. 하지만 말만 합동이지, 실제로는 기본 계획부터 실행까지 백제가 다 맡아 했소. 일본은 우리가 세운 계획을 따르기만 했고.

한국인 변호사　뭐라고요? 그럼, 작전의 구상과 실질적인 지휘를 백제 측에서 다 했다는 말씀이신가요?

목라근자　그렇소. 저쪽에서 보내 준 병력이 워낙 보잘것없소. 그들의 병력은 그리 큰 역할도 못했소.

한국인 변호사　당시 일본이 가야 정벌에 대하여 어떻게 생각했는지 궁금합니다.

목라근자　우리에게 매우 고마워했소.

한국인 변호사　하지만 피고 측의 일관된 주장에 의하면, 가야 정벌 작전은 자신들이 주도적으로 수행했으며, 백제는 그것에 대한 감사의 의미로 칠지도를 바쳤다고 하는데요.

목라근자　말 같지도 않은 주장이오. 근초고왕 폐하께서는 일본의 적극적인 협조를 바라시며 성의껏 협조해 달라는 의미에서 선물을

보내신 거요.

한국인 변호사   그랬군요. 그렇다면 칠지도도 그때 보내 준 것이 맞나요?

목라근자   선물을 많이 주기는 했는데, 거기 칠지도가 있었는지는 내 소관이 아니라서 잘 모르겠소. 그런데 그게 그렇게 중요한 문제인가…….

한국인 변호사   알겠습니다. 이상입니다.

판사   피고 측, 반대 신문이 있습니까?

우키다 변호사   있습니다. 우선 증인, 증인이 참가한 작전에 일본의 장군들도 있었지요?

목라근자　　있었소.

우키다 변호사　　우리 측 기록을 보면, 진구 황후가 작전을 계획했다고 되어 있군요. 그래서 일본 장군들도 참여하게 된 것이고요. 그런데 이들의 활동을 무시하고 증인 측이 일방적으로 주도한 작전이었던 것처럼 말하는 근거는 무엇입니까?

목라근자　　지금 근거라 했소? 작전이 끝난 다음에 누가 가야를 관리했는지를 보면 알 수 있지 않소? 바로 나요. 내가 가야를 다스리며 관리하는 자리에 올랐고, 그 자리를 내 아들 만치에게 물려주었소.

우키다 변호사　　내가 파악한 바로는 사실과 다릅니다. 일본이 작전을 주도해서 가야를 정벌한 다음, 근초고왕에게 관리하라고 한 것이 아닙니까?

목라근자　　허허. 그렇게 인심 좋은 국제 관계가 있을 수 있답니까? 애써 정벌한 땅을 남의 나라 왕에게 물려준다고요? 지금 그걸 말이라고 합니까? 여기 있는 모든 방청객이 웃을 얘기군요.

　　우키다 변호사의 질문에 목라근자 장군은 어이없다는 듯 웃었다. 그의 비웃음에 우키다 변호사는 당황했고, 방청석에서 키득키득 웃는 소리가 들려왔다.

우키다 변호사　　일본이 넓은 아량을 보여 준 것이 아닐까요?

목라근자　　하하하.

목라근자는 큰 소리로 웃음을 터뜨리고는 고개를 절레절레 저었다. 우키다 변호사는 서둘러 서류 뭉치를 다시 뒤적였다.

우키다 변호사　좋습니다. 그렇다면 증인이 말하는 가야 정벌 작전이 실제로 있기는 있었습니까?

목라근자　당연하지요. 무엇 때문에 그런 걸 묻는 거요?

우키다 변호사　증인이 모시는 왕을 위하여 있지도 않았던 일을 꾸며 낸 것은 아닌가 해서요. 실제로 이런 주장이 계속 제기되고 있는 걸로 알고 있습니다.

목라근자　뭐 눈에는 뭐만 보인다더니! 자기들이 역사를 조작하니까 남들도 다 그러는 것처럼 생각하는군요.

우키다 변호사　근거가 있습니다. 목만치 씨가 증인의 아들이 맞습니까?

목라근자　맞소.

우키다 변호사　▶증인의 아들인 목만치는 475년 고구려가 백제에 쳐들어와 한성을 함락시켰을 때, 나중에 백제의 왕이 된 문주를 모시고 남쪽으로 피난을 갔지요?

목라근자　그랬던 걸로 알고 있소.

우키다 변호사　기록에 의하면 증인은 가야를 정벌했던 369년에 부인을 얻고 아들을 낳았다고 되어 있군요. 475년이면 그때 태어난 아들이 106세입니다. 그 나이까지 살기도 어려운데, 왕이 될 분을 호위하기에는 너무 나이가 많

교과서에는

▶ 고구려 장수왕은 427년에 도읍을 평양으로 옮긴 뒤 적극적인 남하 정책을 펴 백제의 수도인 한성을 함락시켰습니다. 그 결과 고구려의 세력은 한강 전 지역을 포함하여 죽령 일대로부터 남양만을 연결하는 선까지 넓어졌어요. 고구려의 한강 진출은 광개토 대왕릉비와 중원 고구려비에 잘 드러나 있습니다.

지 않나요? 이런 정황에 비추어 볼 때 증인이 가야 정벌에 나섰던 당
사자라고 하기에는 앞뒤가 맞지 않습니다.

목라근자 뭐, 앞뒤가 맞지 않다고? 이보시오, 우키다 변호사! 그
거야 당신네 쪽에서 그 부분을 오해하기 딱 좋게 대충 써 놔서 그런
게 아니오? 맹세하건대 내 아들 만치는 그때 태어난 것이 아니오. 보
아하니 신라를 정벌하던 해에 만치가 태어났다고 적어 놓았더구먼.
다시 말해 '369년에 신라를 정벌한다면서 군대를 일으켰다니까, 그
때가 바로 만치가 태어난 해다'라고 당신네들이 멋대로 생각했던 게

아니오. 안타깝지만 우리는 그때 신라와는 싸움도 하지 않았소. 있지도 않은 일이 일어나던 때에 만치가 태어났다고 멋대로 적어 놓고는 앞뒤가 맞지 않다니!

우키다 변호사   그렇다고 하더라도 아들이라는 사람이 증인과 나이 차이가 너무 많이 나는데요.

목라근자   이젠 나이 차이가 문젭니까? 내가 가야에 하루 이틀 머물렀던 게 아니오. 열 개가 넘는 나라를 관리한다는 게 어디 쉬운 줄 아시오? 그때 할 일이 얼마나 많았는데. 내가 군인이니 작전만 끝내면 다 끝나는 줄 아나 본데, 말이 군사 작전이지 실제로는 가야 사람들과 좋은 관계를 맺는 것이 진짜 목표였소. 일을 빨리 처리하려다 보니 가야에 군대를 동원했지만 이는 어디까지나 가야가 우리를 잘 따라 주길 바랐기 때문이오. 단순히 가야를 정복하는 것만이 목적은 아니었단 말이요.

우키다 변호사   그럼 그곳에서 어떻게 지내셨나요?

목라근자   내가 가야에 남아서 열 개도 넘는 나라의 대표들과 매일같이 의논해서 일을 처리하려면 그야말로 눈코 뜰 새가 없었단 말이오. 내가 아무리 장가를 가고 싶다고 해도 하필 그 바쁜 시기를 골라 가겠소? 혼인은 한참 뒤에 했소. 그렇게 오랜 기간 객지에 머물다 보니 나이는 많아지고 좀 적적해집디다. 그래서 그곳에 사는 여자와 혼인했던 거요. 그러다 보니 만치도 나이가 꽤 들어서 얻었지. 그래서 내가 아들하고 나이 차이가 좀 나게 된 것이오. 그런데 그게 뭐 어때서 트집이오?

우키다 변호사　　그게 정말인가요?

목라근자　　당신네 기록에는 마치 내가 혼인하고 아들을 얻은 일이 한꺼번에 일어난 것처럼 적혀 있더구먼. 말이 안 되는 소리인 거 알고 있소? 배 속에서 열 달을 있어야 하는 아이가 어떻게 혼인을 하자마자 나온단 말이오? 남의 일이라고 대충대충 적다 보니 그렇게 된 게지.

우키다 변호사　　음, 그건 그렇다 치더라도…… 가야 정벌 작전은 좀 무리한 작전이 아니었나요? 기록에 의하면 몇 달 되지도 않는 사이에 마한과 가야 지역을 정벌하고, 고구려군과도 전쟁을 벌여 물리쳤다고 되어 있던데요, 상식적으로 생각하더라도 도저히 불가능한 일입니다.

목라근자　　겉으로만 보니까 그렇게 보이는 거요. 마한과 가야 지역은 병력을 갈라 동시에 정복하였소. 그래도 큰 부담은 없었으니까. 어차피 조그마한 나라로 갈라져 있던 지역이라 우리 군대에 저항할 생각을 못합디다. 무력시위만 벌여도 알아서 투항했으니까. 또 가야 지역은 저기 저 피고석에 앉아 있는 왜인들이 나서서 투항하라고 설득해 주었소. 그동안 서로 친하게 지낸 인연이 있어서 그런지 말을 잘 들었지. 그런데 무슨 무리가 있었겠소. 고구려군은 우리 작전이 다 끝날 즈음에 쳐들어왔기 때문에 기동 부대만 빼내서 막을 수 있었고……. 아니, 대체 뭐가 이상하다는 거요?

우키다 변호사　　그래도 세 개 전선에서 동시에 전쟁을 승리로 이끌었다는 것은 무리가 아닌가요?

목라근자   동시도 아니고, 세 개 전선도 아니었다니까 그러네. 별 저항 없이 투항해 오는 것도 전쟁이라고 부르오? 실제로 우리 백제가 전투를 한 건 고구려뿐이었다니까. 그것도 고구려는 급하게 병력을 동원하느라 군대는 매우 부실했소. 얼마 안 되는 정예 부대만 먼저 공격해서 무너뜨리니까 나머지는 알아서 도망갑디다. 그래서 그리 어렵지 않게 이길 수 있었소. 우리 군대의 전력이 그 정도도 안 되었다고 생각하오?

우키다 변호사   그렇다면 가야 지역에서 왜 백제의 유물이 나오지 않는 겁니까? 증인의 말대로 백제가 가야 정벌에 성공했다면 그 지역에서 유물이 나와야 하지 않습니까?

목라근자   기가 막히는구먼. 우리는 협조한다는 약속만 잘 지키면 쓸데없이 간섭하지 않소. 굳이 가야 사람들에게 우리가 쓰는 그릇을 쓰게 하고, 우리와 똑같이 무덤을 만들라고 할 필요가 있겠소? 당시 웬만한 나라들은 정벌한 지역에 쓸데없는 간섭을 하지 않는 것이 관례였소. 우리도 그 관례대로 처리했을 뿐이오. 그러니 가야에서 백제의 유물이 잘 안 나올 수밖에. 거참, 별 희한한 트집을 다 잡네그려.

우키다 변호사   그럼 마지막으로 하나만 더 묻겠습니다. 증인 목라근자 씨가 백제의 장군이 아니라는 주장도 있던데요. 그리고 증인의 후손도 일본에서 계속 산 것으로 알고 있고요. 증인은 백제 사람이 맞습니까?

목라근자   그런 소리를 하는 사람이 있다는 말도 들었소만, 정말 어처구니가 없어서……. 내 성씨를 보면 모르오? 목(木)씨 가문은 대

대성팔족

백제 최고의 신분 층으로 지배 신분 층의 핵심을 이루었어요. 대성팔족은 사씨·연씨·백씨·해씨·진씨·목씨·협씨·국씨를 말한답니다.

성팔족(大姓八族)이라고 해서 백제에서는 대단한 여덟 개 가문 중의 하나로 여겨졌소. 아들 녀석이 사정이 있어 비록 이민 가서 살기는 했지만, 그렇다고 내가 백제의 장군이 아니라는 건 정말 말 같지도 않은 주장이오.

우키다 변호사 알겠습니다. 이상, 신문을 마치겠습니다.

백제는
황제의 나라였을까?

한국인 변호사   존경하는 재판장님, 당시 백제의 국제 관계에 대해 증언해 줄 또 다른 증인으로 구저 씨를 신청하였으니 불러 주시기 바랍니다.

판사   좋습니다. 증인은 증인석으로 나와 선서해 주십시오.

구저   선서. 나는 양심에 따라 숨김과 보탬이 없이 사실 그대로를 말하고, 만일 거짓이 있으면 위증의 벌을 받을 것을 맹세합니다.

한국인 변호사   구저 씨, 반갑습니다. 여기 재판정에 계신 분들이 구저 씨를 잘 모를 텐데 간단히 자기소개를 해 주시겠습니까?

구저   네, 나는 당시에 백제의 외교 사절로 활동했으며 주로 가야와 왜에 파견되었습니다. 그러므로 당시 백제의 국제 관계에 대해서는 누구보다도 잘 알고 있다고 자부합니다.

낙랑·대방
전한의 무제가 위만 조선을 멸
망시키고 설치한 군현으로 한사
군(낙랑, 임둔, 진번, 현도) 중 두
곳이에요. 한사군의 위치가 어
디였는지는 아직도 논란이 있지
요. 4세기 초반 한반도에서 낙
랑·대방을 모두 쫓아냈답니다.

한국인 변호사　　　네. 그렇다면 증인은 364년경 백제와 왜가 처음 국교를 맺을 때의 일도 잘 알고 있겠군요.

구저　　　그렇습니다.

한국인 변호사　　　그렇다면 당시 증인이 맡았던 주 임무는 무엇이었습니까?

구저　　　가야, 왜 등을 백제의 영향권으로 끌어들이기 위해 정세를 파악하고 교섭하는 일이었습니다.

한국인 변호사　　　그런 일을 하게 된 배경은 무엇이었습니까?

구저　　▶당시 우리는 고구려와 사이가 나빠 서로 으르렁거리던 중이었는데, 마침 고구려는 연(燕)과의 전쟁에서 지면서 큰 타격을 받았습니다. 우리에게는 기회였지요. 하지만 우리가 고구려로 먼저 쳐들어갈 상황은 아니었습니다. 아무리 타격을 받았다고는 하지만 고구려는 여전히 무시 못할 존재였으니까요. 고구려와의 전쟁에서 이기고 수도까지 점령했던 연나라도 몇 가지 요구를 들어주는 선에서 적당히 타협했을 정도였습니다. 그러고는 고구려에 오래 머물지 않고 곧 철수했지요.

한국인 변호사　　　고구려를 제압하기는 힘들었겠군요.

구저　　　고구려를 제압하지 못하는 상황에서 우리가 택할 수 있는 방법은 남쪽으로 눈을 돌리는 것이었습니다. 그때까지만 해도 우리 백제 역시 북방에서 내려와 자리를 잡은 터라 남쪽의 정세에는 어두웠고, **낙랑·대방**, 특히 고구려를 의식하느라 남쪽에 신경 쓸 틈이 없었습니다. ▶▶그런데

교과서에는

▶ 고구려 고국원왕은 요동
지방을 두고 전연과 세력을
다퉜습니다. 그 과정에서 전
연의 공격으로 수도가 함락
되는 큰 타격을 받기도 했습
니다. 뒤 이어 백제 근초고
왕이 고구려를 공격했고, 고
국원왕은 평양성에서 전사
했습니다.

그때는 낙랑·대방이 없어진 상태였고, 고구려는 우리에게 큰 압력을 넣을 상황이 안 되었으니 비교적 여유가 생긴 겁니다. 그런 여유를 남쪽을 정리하는 기회로 활용하자는 전략이었지요.

한국인 변호사   그럼, 정세를 파악해 보니 어떻던가요?

구저   재미있는 사실을 알아냈습니다. 왜나 가야가 신

교과서에는

▶▶ 고구려 미천왕은 한사군 중 낙랑군을 완전히 몰아냄으로써 압록강 중류 지역을 벗어나 한반도 남쪽으로 진출할 수 있는 발판을 마련했습니다.

라의 압박을 엄청나게 받고 있다는 사실이었죠. 특히 일본은 신라의 힘이 커지면서 많이 곤란해진 상황이었습니다.

한국인 변호사　신라의 힘이 커졌는데, 왜 일본이 곤란해졌습니까?

구저　힘이 커진 신라는 남쪽에 있는 교역의 주요 거점들을 장악할 수 있었습니다. 그리고 그 지위를 이용해 막대한 이익을 챙기기 시작했고요. 교역이 점점 까다로워지고 어려워지니까 바다 건너에 있어 상대적으로 교역에 많은 것을 의지해야 했던 일본이 곤란해질 수밖에요.

한국인 변호사　아, 그런 속사정이 있었군요. 그렇다면 증인은 그것을 알게 된 후에 어떻게 하셨습니까?

구저　그 상황을 이용할 필요가 있다고 생각했고 곧 보고를 올렸지요.

한국인 변호사　증인의 보고를 받고, 백제에서는 어떤 명령을 내렸나요?

구저　잘만 하면 신라의 압박에 시달리고 있던 가야와 왜를 우리 편으로 쉽게 끌어들일 수 있으니 잘 판단해서 조치를 취하라고 했습니다.

한국인 변호사　그래서 백제가 왜와 접촉하기 시작한 거군요?

구저　그렇습니다. 처음 제대로 만난 곳은 가야에 있던 여러 나라들 중 하나인 탁순국이었습니다.

한국인 변호사　처음 만나서 무슨 얘기를 했습니까?

구저　왜는 신라에게 심하게 압박을 받고 있다고 하소연하면서 백제가 좀 해결해 줄 수 있느냐고 물었습니다. 우린 왜가 협조만 잘 해 준다면 그렇게 하겠다고 했지요.

한국인 변호사 그랬더니 일본 측의 반응은 어땠나요?

구저 굉장히 좋아했습니다. 일본 왕은 이 같은 상황을 보고 받고 는 '조상 대대로의 한을 풀었다'며 눈물까지 흘렸다더군요.

한국인 변호사 그렇게 하여 백제가 가야 정벌의 선봉에 서게 된 것 이로군요. 그럼, 가야 지역을 손에 넣은 이후의 상황은 어떻게 되었 습니까?

구저 우리는 백제-가야-왜를 묶는 동맹을 만들었습니다. 백제가 가야와 왜를 보호하고 어려운 문제를 해결해 주는 대신, 그들은 우 리에게 협조한다는 조건이었습니다.

한국인 변호사 증인은 이렇게 백제의 힘이 강력하게 주변 국에 미 칠 때, 칠지도가 포함된 선물을 가지고 일본에 갔나요? 칠지도를 그 때 가져갔던 것이 맞는지 말씀해 주시기 바랍니다.

구저 글쎄요. 오래전의 일이고, 많은 선물을 가져간 터라 칠지도 가 거기 있었는지는 정확하게 기억이 안 납니다. 하지만 많은 선물 을 가지고 갔던 것은 사실입니다. 대접도 잘 받았고요.

한국인 변호사 어쨌든 증인의 증언을 종합해 보면, 백제는 왜와 칠 지도를 주고받던 시기에 가야와 왜를 아래에 두는 동맹을 주도했을 만큼 강력한 나라였다는 것이 확실하네요. 그렇죠?

구저 그렇다고 할 수 있습니다.

한국인 변호사 또 백제는 스스로 황제국이라 칭하기도 하였지요?

후왕제

황제가 모든 지역을 혼자서 직접 다스릴 수 없자 지역을 나누어서 각 지역마다 후왕을 두어 다스리는 제도를 말해요.

『삼국사기』 기록을 보면 '근초고왕 24년 겨울 11월에 한수(漢水) 남쪽에서 크게 사열하였는데 깃발은 모두 누른색(黃色)을 사용하였다'라고 되어 있는데요. 누른색, 즉 노란색이 황제를 상징하는 색이기 때문에 그런 건가요?

구저　　그랬던 걸로 알고 있습니다. 한자로 황제의 황(皇)자와 노란색이라는 뜻의 황(黃)이 통한다는 인식이 있었기 때문이죠.

한국인 변호사　　황제라고 칭했으니 후왕제(侯王制)도 있었겠네요?

구저　그랬겠지요.

한국인 변호사　재판장님, 이제 모든 실마리가 풀리는 것 같지 않습니까? 칠지도 앞면에 '마땅히 후왕에게 줄 만하다'는 명문이 나오지 않습니까? 이로써 황제국인 백제가 제후국인 일본에게 친히 하사한 것이라는 사실이 증명된 셈입니다.

판사　그렇군요. 이에 대해 피고 측에서는 할 말 없습니까?

우키다 변호사　있습니다, 재판장님. 증인의 증언은 앞뒤가 맞지 않습니다.

판사　그게 무슨 말이지요?

우키다 변호사　아까 증인은 신라의 압박을 받던 가야와 왜를 백제 편으로 끌어들여 동맹을 맺었다고 했지요? 그렇다면 무엇 때문에 백제는 자기편으로 만들어야 할 가야에 군대까지 동원해 정벌했을까요? 반대로 백제는 그때 만든 동맹에는 참여하지도 않은 신라에 오히려 선물을 보내면서 화친을 했고요. 재판장님, 뭔가 좀 이상하지 않습니까?

구저　　겉만 보면 그 점이 이상하게 보일 수도 있지만, 내막을 알고 나면 그렇게 이상한 일은 아닙니다. 먼저 가야에게 백제는 낯선 나라였습니다. 그러니까 난데없이 나타난 백제가 '신라로부터 해방시켜 줄 테니 협력하라'고 하면 선뜻 믿어 줄 리가 없지요. 또 혹시나 우리가 협력의 대가로 그들에게 많은 것을 요구하지는 않을지 걱정도 되었을 겁니다. 솔직히 말해 나라와 나라 사이에 공짜가 어디 있겠소? 우리도 해 주는 것 이상으로 요구하게 되지. 그게 부담이 되니 당연히 망설였을 겁니다.

우키다 변호사　　그래도 군대를 보내는 것보다 말로 설득하는 것이 더 효과가 있지 않았을까요?

구저　　당시 우리에게는 열 개가 넘는 나라들을 일일이 찾아다니며 설득하고 기다려 줄 여유가 없었어요. 신속하게 처리하기 위해 일단 군대를 동원해서 겁부터 줄 필요가 있었습니다. 또 우리가 가야를 보호해 줄 힘이 있다는 점도 과시할 필요가 있었지요. 군대를 동원했기 때문에 빠른 시간 안에 가야의 많은 나라들을 동맹에 참여시킬 수 있었다고 생각합니다. 또 실제로도 신속하게 목적을 달성할 수 있어서, 고구려가 그것을 저지하려고 일으킨 전쟁도 때늦은 일이 되어 버렸지요.

우키다 변호사　　그러면 신라에는 무엇 때문에 굳이 선물까지 보내면서 화친을 맺었습니까? 가야나 일본이 신라의 압박을 받는 상태에서 백제가 그것을 해방시켰다면, 신라로서는 손해를 보는 것이 아닙니까? 그러면 당연히 백제와 신라는 적이 되어야 하는데, 그런 나

라에 선물까지 보내면서 화친을 맺다니요? 좀 이상하지 않습니까?

구저   정치를 얄팍하게만 보니까 그게 이상해 보이지요. 우리의 기본 전략은 고구려가 북쪽 연나라에게 타격을 받아 주춤하고 있는 사이에 배후에 있는 남쪽 나라들을 우리의 세력권으로 끌어들이는 것이었습니다. 그러자면 신라가 방해가 되는 것은 당연합니다. 하지만 그렇다고 신라와 전쟁을 할 수도 없었지요. 만약 신라와 전쟁을 하게 되고 또 오래 끌기라도 한다면, 고구려가 가만히 있을 것 같습니까? '혹 떼려다 혹 붙이는 격'이 될 수 있지요. 그런 꼴을 보지 않으려면 신라와 관계를 잘 정리해야 했습니다.

우키다 변호사　그래도 어쨌든 선물을 보낸 것은 사실이지 않습니까? '잘 봐달라'는 의미가 아닌가요?

구저　우리가 선물을 보냈다는 기록만 남아 있으니 그렇게 보일 법도 합니다. 하지만 그때 신라는 우리와 상대가 되지 않는 나라였습니다. 힘 있는 우리가 먼저 화친하자고 손을 내미는 데 신라가 그 손을 뿌리칠 배짱이 있었을 것 같습니까? 더구나 그때만 해도 신라는 고구려와 그리 친하지도 않았고, 심지어 잘 알지도 못했는데 말입니다. 그런 상황에서 친하게 잘 지내보자는데, 뿌리친다면 괜히 화를 자초할 수도 있지 않겠어요? 솔직히 말하면 선물의 의미는 '잘 봐달라'는 뜻이 아니라 '이거 받고 가만히 있으라'는 뜻이었습니다. 신라는 다행히 잘 알아들었습니다. 우리와 화친하지 않을 경우 일어날 사태에 대해 몇 가지 경우를 상상하게 만드는 것으로 충분했지요. 나중에 가야에도 같은 수법을 썼고요.

우키다 변호사　그건 그렇다 치고, 백제가 황제 행세를 했다는 것은 또 금시초문이군요. 좀 이상하지 않습니까?

구저　자꾸 뭐가 이상하다는 거요?

우키다 변호사　백제가 후왕을 둔 적이 있었습니까? 원고 측은 계속 백제가 후왕에게 칠지도를 내려 주었다고 주장하는데, 후왕 제도가 있지도 않았던 나라에서 어떻게 후왕에게 선물을 하사합니까?

구저　왜 우리나라에 후왕 제도가 없었다고 하는지 이해가 되지 않네요. 중국 역사책인 『남제서』를 보면 백제가 후왕을 임명했던 기록이 남아 있소. 그런데 무엇 때문에 백제에 후왕 제도가 없었다고

『남제서』
중국 양나라 때 소자현이 남제의 역사를 적은 책이에요. 이 책의 「동남이열전」에 백제가 후왕을 임명했다는 기록이 남아 있습니다.

단정 짓는 거요?

우키다 변호사　만약 증인의 나라가 후왕을 두었다면, 나라의 지배자는 황제의 지위에 있었다는 얘기가 됩니다. 아까 근초고왕이 노란색 깃발을 사용했다는 사실을 두고 황제와 연결시켰는데, 그것부터 의문이 드는군요. ▶노란색은 도교의 상징도 됩니다. 그러니까 그것은 백제가 얼마나 도교를 열렬히 믿었는지를 보여 주는 증거가 아닐까요?

판사　피고 측 변호인은 백제가 도교를 열심히 믿었던 국가였다는 것을 증명할 수 있습니까?

우키다 변호사　물론이죠. 백제가 가야를 정벌했다고 주장하는 바로 그 시점에 고구려가 백제에 쳐들어왔는데, 당시 태자였던 근구수가 고구려군을 추격하려 하자 측근인 장군 막고해(莫古解)는 이렇게 조언합니다. "일찍이 도가(道家)의 말을 들으니 만족할 줄 알면 욕되지 않고 그칠 줄 알면 위태롭지 않습니다. 지금 얻은 바도 많은데 어찌 많은 것을 구하려 기를 써야 하겠습니까?"라고 말했지요. 이 말이 뜻하는 것이 무엇이겠습니까?

판사　우키다 변호사는 그 뜻이 뭐라고 생각하나요?

우키다 변호사　중요한 결정을 내려야 할 때 왕이 될 사람 앞에서 도교 경전을 인용했다는 사실이 백제가 열렬히 도교를 믿었다는 증거가 아니면 무엇이겠습니까? 그러니 노란 깃발을 사용한 것은 백제가 황제국임을 의미하는 것이 아니라 도교를 열심히 믿은 국가임을 증명하는 것이라 봐야 합니다.

구저　　거참, 변호사님의 논리는 참 이상하네요. 그럼 성경을 인용하면 모두 기독교 신자고, 『논어』, 『맹자』에 나오는 말을 쓰면 모두 유학자요? 당시 글 꽤나 읽는다는 사람 치고 도교 경전을 모르는 사람은 드물었습니다. 유명한 경전에 나오는 말을 인용한 것이 백제가 도교를 열렬히 믿었던 증거라고 속단하는 건 너무 심한 거 아닙니까? 게다가 우리가 무슨 종교 전쟁을 했습니까? 전쟁에서 도교의 깃발을 휘날리게!

우키다 변호사　　그렇다 치더라도 증인의 나라는 중국에 조공을 열심히 바치지 않았나요? 조공을 바치는 황제도 있습니까?

구저　　그건 왜도 마찬가지가 아닙니까? 천황이면 황제와 동급인데, 피고의 나라는 중국에 조공을 바치지 않았습니까?

우키다 변호사　　뭐, 우리는 그렇게 자주 가지는 않은 걸로 알고 있습니다.

구저　　입은 삐뚤어졌어도 말은 똑바로 하랬다고, 왜는 안 간 게 아니라 못 간 것이지요. 조공을 바치러 가려면 배를 타고 바다로 나가야 하는데, 지나는 나라마다 허가를 받아야 하니 중국에 가기 어려웠을 테지요. 게다가 당시 왜는 배를 만드는 기술이 형편없었습니다. 그러니 중국을 다녀오는 일이 결코 쉽지 않았을 것입니다. 중국에 사신으로 갔다 오면 출세 길을 보장해 줬지만 중국에 도착하기도 전에 바다에 빠져 죽는 일이 워낙 많아서 막상 사신으로 임명되면 초상집 분위기였다고 합니다. 그래서 결국 왜는 백제에 의지해 필요

한 것을 얻는 방법을 생각해 낸 것입니다.

우키다 변호사　　증인, 나는 백제에 관해 묻고 있습니다. 다른 얘기는 삼가 주시기 바랍니다. 한 가지 질문을 더 드리겠습니다. 증인의 얘길 종합해 보면, 백제가 후왕 제도를 제멋대로 만들어 일본의 왕을 후왕 취급했음에도 우리 쪽에서 아무 말 없이 참았다는 말이지요. 그게 말이 됩니까?

구저　　일본은 속으로 기분이 나빴을지 모르겠지만 겉으로 표현하기는 어려웠을 겁니다. 우리에게 얻어 가는 게 워낙 많았으니까요. 그리고 사실 말로만 후왕이라고 했지, 심하게 간섭하지도 않았소. 우리도 중국에 조공을 바치기는 했지만 중국의 간섭을 그리 많이 받지 않았습니다.

증인 신문에서 별다른 소득을 얻지 못하자 우키다 변호사는 의기 소침해졌다. 준비가 완벽했다고 생각했는데 외교 사절로 활동했던 증인에게는 빈틈이 없었다.

우키다 변호사   재판장님, 질문은 이것으로 마치겠습니다.

판사   자, 그럼 오늘 신청한 증인은 다 나온 것 같은데 더 이상 제 출할 증거나 신청한 증인이 없으면 오늘 공판은 이것으로 마치겠습니다. 오늘 하지 못한 이야기들은 세 번째 공판이 또 있으니 그때 해 주시면 됩니다.

땅, 땅, 땅!

백제와 일본의 교류

 백제와 일본은 서로 우호적인 관계를 맺고 있었습니다. 특히 백제의 문화가 일본으로 많이 전파되어 일본 고대 문화가 발전하는 데 큰 영향을 끼쳤지요. 백제의 아직기와 왕인이 일본 태자 우지노 와키이라쓰코의 스승이었다는 것은 잘 알려진 사실입니다. 특히 왕인은 일본에 『천자문』과 『논어』를 전하고 가르쳤습니다. 왕인이 일본으로 건너갈 때 백제는 제철 기술자와 양조 기술자, 직조공 등을 함께 보냈다고 합니다.

 이에 대한 대가로 일본은 백제에 군사적인 지원을 해 주었습니다. 백제와 신라가 대치할 때 고구려가 남쪽으로 침략하는 것을 막기 위해서는 일본과의 군사적 협조가 필요했기 때문입니다. 이후 백제가 멸망할 때에도 일본은 대규모 군대를 파견해서 백제를 돕기도 했습니다.

다알지 기자

안녕하세요. 오늘도 어김없이 한국사법정 앞에 나와 있습니다. 오늘 칠지도 재판의 두 번째 공판이 끝났는데요, 당시 백제의 국력이 어느 정도였는지를 밝히는 것이 오늘 공판의 핵심이었습니다. 즉 백제가 왜에 칠지도를 하사할 만큼 힘이 센 나라였는지, 아니면 칠지도를 바칠 만큼 약한 나라였는지를 밝힌 것이지요. 그럼 한국인 변호사와 이야기를 나눠 보겠습니다. 변호사님, 오늘 공판을 통해 당시 백제의 위상을 드러내는 데 어느 정도 성공하신 것 같은데요.

한국인 변호사

네. 오늘 공판의 결과에 아주 만족합니다. 목라근자 장군과 구저 씨를 증인으로 신청한 것은 정말 탁월한 선택이었어요. 목라근자 장군 덕에 당시 백제가 가야와 왜를 동맹으로 거느릴 정도로 강력한 나라였다는 사실이 밝혀졌으니까요. 당시 상황을 어찌나 생생하게 증언하는지 마치 내가 가야 정벌에 직접 나선 기분까지 들었지요. 그리고 구저 씨는 외교관 출신이어서 그런지 정말 증언을 잘 하시더군요. 덕분에 오늘 재판에서 백제가 황제의 위상을 가질 정도로 강력한 나라였다는 것이 명확하게 밝혀졌습니다.

왜 백제의 칠지도가 일본에 있을까?

우키다 변호사

　오늘 나온 증인들이 모두 원고 측에 유리한 증언을 했다는 사실은 인정합니다. 그러나 목라근자 장군도 구저 씨도 모두 백제 출신입니다. 백제 출신 증인들의 증언만 가지고 백제의 국력을 판단할 수는 없지요. 판사님도 그 점을 고려해 주시리라 믿습니다. 그리고 우리 측 기록에는 분명 진구 황후가 가야 정벌을 계획하고 주도했다고 나와 있어요. 백제의 왕이 황제의 지위를 가지고 있었다는 사실도 확실히 증명되지 않았고요. 아, 안타깝네요. 우리 진구 황후께서 증인으로 나오셨다면 오늘 재판 결과는 전혀 달라졌을 것입니다.

고려는 대부분 신라가 남긴 유산을 물려받았습니다.

이 유산들 받으시지요.

아이고, 감사합니다.

당시 고려에는 백제와 고구려의 기록이 거의 남아 있지 않았지요. 그래서 신라의 기록을 참고했답니다.

… ㅁ

『삼국사기』에 백제의 찬란한 역사가 나오지 않는 것은 『삼국사기』를 편찬할 때 백제 측 기록을 증인이 보지 못했기 때문이군요.

백제는 정말 강한 나라가 아니었을까?

1. 『삼국사기』에는 왜 강한 백제의 모습이 나타나지 않을까?
2. 백제의 역사가 왜곡된 이유는 무엇일까?

1

『삼국사기』에는 왜 강한 백제의 모습이 나타나지 않을까?

백제와 일본 사이에 칠지도를 둘러싼 재판이 열리는 마지막 날. 재판정 앞은 그 결과를 궁금해하는 사람들로 아침부터 붐볐다.

"어떻게 되는 걸까?"

"뻔하지. 지난번 공판 보면 모르겠어? 당연히 한국인 변호사가 이길 거야! 그리고 백제의 위상도 높아지겠지."

"하지만 확실한 증거가 있는데 우키다 변호사가 쉽게 지겠어?"

시끄러운 방청객들 앞으로 판사가 걸어 나왔다. 판사가 등장하자, 재판정이 조용해졌다. 판사 또한 마지막 재판이라 그런지 더욱 굳은 표정으로 자리에 앉았다. 판사는 증인 신청 목록을 유심히 보더니 피고 측을 쳐다본 후 말을 시작했다.

판사　음, 오늘은 피고 측부터 시작할까요? 증인으로 김부식 씨를 신청하셨군요?

우키다 변호사　그렇습니다. 저희는 원고 백제인 측이 주장하는 내용이 백제인의 나라에서 편찬된 책에서조차 나타나지 않는 것을 증명할 것입니다. 고려 시대에 편찬된 『삼국사기』는 고구려, 백제, 신라 삼국의 역사를 기록해 놓은 가장 믿을 만한 기록입니다. 그러나 『삼국사기』에는 원고 측이 여러 번 얘기했던 백제의 찬란한 역사에 대해서는 별다른 기록이 나와 있지 않습니다. 그 이유를 밝히기 위해 증인으로 김부식 씨를 신청하였으니 불러 주시기 바랍니다.

판사　좋습니다. 증인 김부식 씨는 증인석으로 나와 선서를 해 주십시오.

　　김부식은 증인석으로 나와 선서를 했다. 벼슬이 높은 사대부 집안 출신이어서 그런지 고집이 매우 센 듯 보였다.

우키다 변호사　안녕하십니까? 이렇게 나와 주셔서 감사합니다.

김부식　별말씀을요.

우키다 변호사　간단히 자기소개를 해 주십시오.

김부식　나는 고려 시대 사람으로 현재 가장 오래되고 믿음직한 역사 기록인『삼국사기』의 편찬을 주도했던 사람입니다.

우키다 변호사　그럼 증인에게 묻겠습니다.『삼국사기』의 편찬 사업을 본격적으로 시작했을 때 앞서 원고 측이 주장하는 백제의 역사에 대해 들어본 적이 있습니까? 아니면 백제와 관련된 기록을 본 적이 있습니까?

김부식　없습니다.

우키다 변호사　증인은 그런 이야기를 듣거나 기록으로 확인한 적이 없다는 말씀이시죠?

김부식　그렇습니다. 우리는 역사를 쓰는 사람이 확인된 사실만 써야 하며 없는 이야기를 만들어서는 안 된다는 '술이부작(述而不

作)'의 원칙을 지켜 『삼국사기』를 썼습니다. 그러니 직접 듣고, 보지 못한 이야기가 책에 실릴 수는 없지요.

우키다 변호사　재판장님, 들으셨지요? 증인은 앞서 나왔던 백제 사람들의 이야기를 듣지도 보지도 못했답니다. 그런데도 원고 측은 걸핏하면 제 의뢰인의 기록이 조작되었다고 비난하였습니다. 그리고 근거로 드는 것 중 하나가 『삼국사기』에 우리가 주장하는 내용이 나오지 않는다는 것입니다. 그런데 정작 원고 측이 주장하는 내용도 『삼국사기』에 없기는 마찬가지입니다. 이것을 어떻게 설명하겠습니까? 증인이 지난 번 공판에서 나온 백제의 역사는 있지도 않았던 일이고, 그래서 기록으로 남기지 않았던 것으로 보아야 하는 것이 아니겠습니까? 아니면 새빨간 거짓말을 하는 것 일지도 모르고……

한국인 변호사　이의 있습니다. 피고 측 변호인은 증인의 말을 확대해석하여 멋대로 결론을 내리고 있습니다.

판사　인정합니다. 피고 측 변호인은 증인이 하지 않은 말은 하지 말길 바랍니다. 원고 측은 증인 신문 하시겠습니까?

한국인 변호사　하겠습니다. 증인이 『삼국사기』를 쓸 때가 언제였지요? 본 사건이 일어나고 천 년쯤 지난 후였지요?

김부식　그렇습니다.

한국인 변호사　혹시 『백제기』, 『백제신찬』, 『백제본기』라는 책을 본 적이 있습니까?

김부식　없습니다.

한국인 변호사　그러면 『삼국사기』를 쓸 때에 주로 어떤 기록을 보고 정리를 했습니까?

김부식   주로 신라가 남긴 기록을 보고 정리했습니다. 중국의 기록도 참고했고요.

한국인 변호사   그러면 백제나 고구려의 기록은 참고하지 않았다는 뜻인가요?

김부식   어쩔 수 없었습니다. 남아 있는 기록이 그것밖에 없었으니까요.

한국인 변호사   그 말은 곧 당시 백제나 고구려가 남긴 기록은 증인이 구할 수 없는 상태였다는 뜻이겠네요?

김부식   그렇습니다. 아시다시피 내가 『삼국사기』의 편찬에 나섰을 때는 신라가 다른 나라를 통합하고 시간이 꽤 흐른 뒤였습니다. 신라는 거의 없어져 버린 백제와 고구려의 역사를 보관하는 데 신경을 많이 쓰지 않았지요. 그 결과 고려는 대부분 신라가 남긴 유산만 물려받게 되었습니다. 그러니까 고려가 세워지기도 전에 사라진 백제와 고구려의 역사를 살릴 방법은 없었던 것이지요.

한국인 변호사   그렇다면 증인이 백제의 입장을 『삼국사기』에 담지 못한 것은 본 법정에 나와 증언했던 백제 사람들이 거짓말을 했기 때문이 아니라, 그들이 남긴 기록을 증인이 보지 못했기 때문이라고 해야 맞겠군요?

김부식   그렇지요.

한국인 변호사   이번 사건의 핵심 인물이라고 할 수 있는 근초고왕의 업적만 해도 『삼국사기』에는 대부분 빠져 있네요. 특히 근초고왕

2년에서 21년까지 거의 20년 정도의 기록은 아예 없군요. 백제의 최고 전성기라고 하면 대개 근초고왕이 재위했을 때를 꼽는데, 『삼국사기』를 보아서는 어디 그런 생각이 들겠습니까? 그 이유가 단지 백제 측에서 남긴 기록을 증인이 본 적이 없기 때문이군요?

김부식　　그렇습니다.

한국인 변호사　　또 무엇보다 짚고 넘어가고 싶은 점은 증인이 백제의 역사를 객관적으로 기록할 수 없는 신라의 후손이라는 점이고요.

김부식　　그게 무슨 말씀이십니까?

한국인 변호사 아무래도 팔이 안으로 굽는다고, 신라가 더 좋은 나라로 보이도록 쓴 것이 아닌가 해서요. 신라를 드높이려다 보니 상대적으로 백제를 형편없는 나라로 깎아내린 것은 아닌가 하는 생각이 듭니다만.

김부식 글쎄요. 나는 객관적으로 쓴다고 썼습니다만.

한국인 변호사 당시 증인은 심각한 고민이 하나 있었지요? ▶바로 증인의 나라인 고려를 세운 왕건이 고구려를 계승한다고 천명한 것입니다. 그래서 나라 이름도 고구려의 이름에서 따 고려라고 지었고요. 반면에 증인은 고려가 신라를 이어받은 나라라고 생각하지 않았습니까?

김부식 음, 솔직히 그런 생각을 하긴 했지요. 그때 내 입장에서는 그럴 수밖에 없었습니다. 사실 고려는 누가 봐도 신라가 삼국을 통일한 후 세워진 나라니까 신라의 자산을 이어받았다고 해야 하지 않나요? 그런데 현실을 무시하고 고려가 고구려를 이어받았으니 그 영광을 되찾아야 한다면서 되지도 않는 전쟁을 하자며 묘청의 난이 일어났어요. 그래서 역사를 제대로 알자는 뜻에서 신라가 정통이라는 뜻을 『삼국사기』에 은근히 비치긴 했습니다. 그 과정에서 본의 아니게 고구려나 백제가 조금 좋지 않게 적힌 측면도 있을 수 있습니다.

한국인 변호사 그렇군요. 그러면 백제의 역사는 많이 축소되었겠네요.

김부식 그럴 수도 있겠지요.

교과서에는

▶ 왕건은 궁예를 몰아낸 뒤 신하들의 추대로 왕위에 올랐습니다. 이때 왕건은 고구려를 계승하여 나라 이름을 고려라 하고, 송악으로 수도를 옮겼습니다.

한국인 변호사   네, 알겠습니다. 재판장님, 이상으로 신문을 마치겠습니다.

증인으로 나온 김부식은 『삼국사기』를 편찬할 당시 자신이 잘못한 부분이 있었다는 걸 인정하는지 씁쓸한 미소를 머금고 증인석에서 내려왔다.

2

백제의 역사가 왜곡된 이유는 무엇일까?

판사   증인 김부식 씨는 『삼국사기』에 칠지도에 관한 내용이 없는 이유와 『삼국사기』를 편찬할 때 신라를 중심으로 썼을 가능성이 있다는 것을 증언해 주셨습니다. 음, 이번에도 피고 측에서 역사학자 한 분을 증인으로 신청했군요.

우키다 변호사   네, 재판장님. 쓰다 씨를 증인으로 불러 주시기 바랍니다.

판사   증인은 증인석으로 나와 선서를 해 주십시오.

　쓰다는 증인석으로 나와 선서를 한 다음 재판정을 이리저리 살펴보았다.

판사   피고 측부터 증인 신문을 시작하세요.

우키다 변호사   네. 감사합니다. 쓰다 씨, 안녕하세요. 간단히 자기 소개를 해 주시겠습니까?

쓰다   나는 후세 사람들에게 널리 알리고자 원고 측과 피고 측의 기록을 모아 역사를 정리한 사람입니다. 고대 역사 중 많은 부분을 내가 정리했지요.

우키다 변호사   그렇다면 증인은 고대 역사를 정리할 때 어떤 원칙을 정해 놓았을 것 같은데 말씀해 주실 수 있나요?

쓰다   ▶나의 원칙은 철저한 근거를 가지고 더하거나 빼지 않는 있는 그대로의 역사를 기록하는 것이었지요. 전문가들은 이를 '실증 사학'이라고 부릅니다.

우키다 변호사   원고 측에서는 일본의 역사 기록이 조작되었다고 주장하는데, 증인이 보기에 이 말은 사실입니까?

쓰다   뭐, 아주 거짓말은 아닙니다. 어느 정도의 왜곡은 있었으니까요.

쓰다의 말에 방청석이 술렁였다.

우키다 변호사   구체적으로 말씀해 주겠습니까?

쓰다   사건이 일어난 시기가 앞당겨져 있습니다. 이번 사건에서 문제가 된 칠지도를 바친 시기도 실제보다 120년가량 앞서 기록되었습니다. 그리고 당시에는 도저히

교과서에는

▶ 실증주의 사학이란 순수한 학문적인 활동을 목표로 하며, 개별적인 사실들을 객관적으로 밝히는 것을 중요하게 생각합니다. 한국의 실증주의 사학은 철저한 고증을 중시하는 일본 학계의 영향을 받았습니다.

일어날 수 없었던 일들이 일어났다고 나와 있는 부분도 있고요.

우키다 변호사　그렇습니까? 그 사실을 누가 밝혀낸 거죠?

쓰다　나와 내 동료들이죠.

우키다 변호사　그렇다면 증인은 여기까지 나와 피고 측에 불리한 사실을 밝혀내고 불리한 증언을 하는 이유가 무엇입니까?

쓰다　사실은 사실이니까요.

우키다 변호사　그렇군요. 이런 점을 보면 증인은 누구에게 유리하냐, 불리하냐를 따지지 않고 소신껏 역사를 정리하는 양심적인 학자라고 보아도 되겠네요.

쓰다　그렇게 자부하고 있습니다.

우키다 변호사　그렇다면 이 사건의 핵심이라고 할 수 있는 칠지도에 관해 묻겠습니다. 원고 측의 주장대로 칠지도가 '백제가 일본에 내려 준 것'이 맞습니까?

쓰다　그렇지는 않다고 판단합니다.

　　양심적인 학자라는 쓰다가 칠지도는 백제가 일본에 내려 준 것이 아니라고 말하자 방청석에 있는 몇 사람이 또 다시 수군거렸다.

우키다 변호사　그렇게 판단하는 근거는 무엇입니까?

쓰다　일부 왜곡이 있기는 하지만 전체적인 흐름을 보면 일본이 백제보다 일관되게 우위에 있었습니다. 사건이 일어난 시기가 조금 잘못되었고, 일부 사실이 왜곡되었다 하더라도 이런 흐름을 뒤집을

만한 문제는 아니라고 봅니다.

우키다 변호사 　그렇다면 증인 쓰다 씨는 백제가 일본에 칠지도를 바쳤다고 보십니까?

쓰다 　나라를 세운 지 얼마 되지 않아 아직 힘이 없는 상태에서 고구려의 압력까지 받는 등 위기에 몰린 백제가 왜의 후원을 받기 위해 왜 왕에게 칠지도를 바쳤다고 볼 수 있을 것 같습니다.

우키다 변호사 　잘 들으셨지요? 피고 측에서 내세우는 증거에 왜곡이 있음을 밝혀낸 양심적인 학자의 증언이었습니다. 이상으로 증인 신문을 마치겠습니다.

판사   원고 측, 반대 신문이 있습니까?

한국인 변호사   있습니다. 증인, 증인은 『일본서기』에 왜곡이 있음을 인정하면서도 일본이 백제보다 우위에 있었다는 큰 흐름에는 별 문제가 없다는 결론을 내렸습니다. 그런데 그렇게 볼 수 있는 구체적인 근거에 대해서는 전혀 말이 없네요. 우선 그 근거를 말씀해 주셨으면 합니다.

쓰다   ▶가장 기본적인 사실로는 백제가 일본에 수백 년 동안 조공을 바쳤던 점을 들 수 있습니다.

한국인 변호사   『일본서기』에만 그렇게 기록되어 있지 않나요? 다른 기록들에는 그렇게 나오지 않는 것으로 알고 있는데…….

쓰다   그렇지 않습니다. 다른 기록들에도 비슷한 말이 나옵니다. '광개토 대왕릉비'에는 "백잔(百殘 : 백제)과 신라는 옛날부터 우리의 속민(屬民)으로 조공을 바쳐 왔다. 그런데 왜가 신묘년(辛卯年 : 391년) 이래로 바다를 건너 백잔과 신라를 쳐 신민(臣民)으로 삼았다"라고 적혀 있어요. 다시 말해, 백제가 왜의 신민이 되었다는 겁니다.

한국인 변호사   광개토 대왕릉비에 그런 내용이 있다고 주장하실 줄 알았습니다. 하지만 그 비석은 고구려에서 만든 것이라 당연히 고구려의 입장에서 비문이 적혀 있을 수밖에 없습니다. 백제가 일본의 신민이었다는 내용은 사실과 다르다는 것이 밝혀지지 않았나요?

쓰다   그렇게 믿는 사람들이 있을 뿐입니다.

한국인 변호사   증인은 그 사실을 믿지 않는다는 것입니까? 그러면 다른 기록, 예를 들어 『삼국사기』 같은 책에는 왜 그런 내용이 전혀 없을까요?

쓰다   그런 것까지는 내가 모르지요.

한국인 변호사   그렇다면 백제가 주지도 않은 조공을 그쪽이 받았다고 조작하여 썼을 가능성은 생각해 보지 않았습니까?

쓰다   나는 확실하게 기록된 사실만 믿습니다.

한국인 변호사   그렇다면 확실하게 기록되었다고 하면 거짓말이라도 믿으시겠네요.

우키다 변호사   재판장님, 이의 있습니다. 원고 측 변호사는 증인의 말을 확대 해석하고 있습니다.

판사   인정합니다. 원고 측 변호인은 증인이 직접 언급한 말에 대해서만 신문하기 바랍니다.

한국인 변호사   좋습니다. 그렇다면 질문을 바꾸지요. 증인은 단지 『일본서기』에 '백제가 일본에 조공을 바쳤다'고 나와 있으니까 그렇게 믿는다는 말이지요?

쓰다   그렇습니다.

한국인 변호사   그 기록이 사실인지 거짓인지는 의심해 본 적이 없고요.

쓰다   의심할 필요가 없지요.

한국인 변호사   왜 의심할 필요가 없다고 생각합니까?

쓰다　계속해서 나오는 기록을 무엇 때문에 의심합니까?

한국인 변호사　그러면 『일본서기』에 나오는 황당한 이야기들은 어떻게 받아들여야 할까요?

쓰다　본 사건과 관련이 없는 문제이니 대답하지 않겠습니다. 게다가 그 정도는 어느 나라의 역사 기록에서나 있을 수 있는 평범한 과장에 불과합니다.

한국인 변호사　막강했던 백제가 일본을 찾아가 신하가 되겠다고 맹세하였다는 것은 꿈이라고 해도 믿기 힘든 내용입니다. 그런데 그게 평범한 과장에 불과하다고요?

쓰다　그렇게 말끝마다 트집을 잡으면 뭐라고 대답합니까?

한국인 변호사　증인은 역사가 천황의 영광을 위하여 봉사해야 한다고 말한 적이 있지요?

쓰다　그렇습니다. 이건 내 개인적인 소신인데 설마 이 말을 두고 또 이렇다 저렇다 트집을 잡을 생각인가요?

한국인 변호사　증인의 역사 연구도 결국 그 소신에 따라 하는 것이 아닙니까?

쓰다　맞습니다. 역사학에는 국경이 없을지 몰라도, 역사학자에게 조국은 있으니까요.

한국인 변호사　알겠습니다. 더 물어볼 필요가 없을 것 같군요. 질문 마치겠습니다.

증인 신문을 마친 한국인 변호사는 자기 자리로 돌아갔고, 우키다

변호사는 뒤이어 판사에게 증인을 불러 달라고 했다.

우키다 변호사　　재판장님, 원고 측의 주장을 반박하기 위해 기득권
씨를 증인으로 모시고자 합니다.

판사　　알겠습니다. 증인은 나와 선서를 해 주십시오.

　기득권 씨는 자신감에 한껏 부푼 얼굴로 당당하게 증인석으로 나
와 선서를 했다. 그리고 자리에 앉자마자 먼저 자기소개를 했다.

기득권 안녕하십니까? 나는 원고 백제인의 후손으로 백제의 역사를 연구하고 가르치는 일을 하였습니다.

우키다 변호사 네. 안녕하십니까? 먼저 이 자리에 증인으로 나와 주셔서 감사드립니다. 증인은 백제 역사를 연구하고 가르치는 분임에도 원고 측의 주장이 무리가 있다고 판단한다고 들었습니다.

기득권 전문가적 견지에서 볼 때 원고 측의 주장은 사실이 아닙니다.

"저 사람은 뭐야? 아까 나왔던 쓰다 씨는 자기 나라인 일본을 치켜세우기 바쁘던데 이 사람은 오히려 자기 나라를 깎아내리기 바쁘잖아."

"흠, 오히려 쓰다 씨보다 더 객관적인 게 아닐까? 쓰다 씨는 천황을 위한 역사를 연구했잖아. 그에 비하면 기득권 씨는 자기 나라를 무조건 치켜세우는 게 아니라 아닌 건 아니라고 딱 잘라 말할 수 있는 사람일 수도 있지."

"글쎄, 더 두고 보자고."

우키다 변호사 원고 측 후손의 입장에서 보아도 지금 원고 측 주장이 틀렸다는 말씀이지요?

기득권 학문을 하는 전문가의 입장에서 그렇게 판단한 것입니다. 물론 그렇다고 해서 피고 측 주장을 그대로 인정하는 것은 아닙니다. 피고 측이 내세우는 증거와 주장에도 많은 조작과 왜곡이 있다는 것을 미리 밝혀 두겠습니다.

우키다 변호사   과연 학자답게 중립적이고 객관적인 입장을 취하고 계시네요. 그렇다면 원고 측의 주장에는 구체적으로 어떤 문제가 있습니까?

기득권   우선 백제는 왜에 칠지도를 보낸 시기에 그렇게 강력한 나라가 아니었습니다. 백제가 나라 모습을 갖추기 시작한 시기가 바로 그 즈음이지요. 최대한 시기를 올려 보아도 100년 정도 거슬러 올라가는 것이 고작입니다. 그런 백제가 4세기 중반에 자신이 주도하는 동맹에 다른 나라를 끌어들일 정도로 막강했다고는 볼 수 없습니다. 따라서 원고 측 증인들의 증언은 과장이라고 봅니다.

우키다 변호사   그렇다면 증인은 4세기 중반 백제가 주도해서 가야를 정벌한 적은 없었다고 보시는군요?

기득권   없었다고 봅니다. 물론, 일본이 주도해서 가야를 정벌한 적도 없었다고 보고요. 일본이 가야와 교역을 시작했다는 사실이 과장되어 기록된 것이리라 생각합니다.

우키다 변호사   결국 있지도 않은 사실을 과장하고 왜곡해서 만들어 냈다는 얘기가 되겠군요?

기득권   그렇다고 볼 수 있지요.

우키다 변호사   그렇다면 궁금한 게 있습니다. 백제와 왜의 관계는 어떠했다고 보십니까?

기득권   음, 서로 좋은 관계를 맺고 협조하던 관계였습니다.

우키다 변호사   그런 것보다 당시 국제 정세에서 누가 더 주도권을

쥐고 있었는지 말씀해 주셨으면 합니다.

기득권 그것은 상황에 따라 다르지요. 어떤 사건은 백제가 주도했을 것이고, 어떤 것은 왜가 주도했다고 보아야 할 것입니다.

우키다 변호사 고구려와는 어땠을까요?

기득권 당시 백제가 고구려의 라이벌이었던 점은 분명합니다.

우키다 변호사 물론 직접적으로는 백제가 고구려와 충돌하는 일이 많았으니까 그렇겠지만, 가야 같은 나라를 두고는 어땠습니까? 예를 들어 고구려는 왜와 가야, 신라 사이의 세력 경쟁에 개입해서 가야를 정벌했지요. 이는 왜가 신라를 침공해서 괴롭혔기 때문이 아닙니까? 그렇다면 당시 국제 정세는 고구려와 왜의 대립 구도에 백제와 가야, 신라가 말려들었다고 보아야 하지 않을까요?

기득권 그런 측면에서라면 그렇다고 해야겠지요.

우키다 변호사 네. 잘 알겠습니다. 이상입니다.

판사 원고 측. 반대 신문하겠습니까?

한국인 변호사 네.

증인 기득권의 증언을 지켜보며 점점 얼굴이 굳어졌던 한국인 변호사가 단단히 벼르고 앞으로 나왔다.

한국인 변호사 먼저 증인은 백제가 실제로 나라다운 나라 모습을 갖춘 시기가 상당히 늦었다고 말했는데 그 근거가 무엇입니까?

기득권 중국 측의 기록을 보면 알 수 있습니다. 『삼국지』라는 책

의 「위서동이전」에는 적어도 3세기 중반까지는 백제가
있었던 지역이 한(韓), 그중에서도 마한(馬韓)이라 불리었
고, 70개나 되는 나라로 갈라져 있었다고 기록돼 있습니
다. 3세기 중반까지도 이런 지경이었는데, 100년도 되지
않아 그토록 강력한 힘을 가진 나라로 성장하긴 어려웠을
겁니다.

『삼국지』
중국 진나라 때에 진수가 편찬
한 역사책입니다. 우리나라에
대한 기록도 있어서 고대사 연
구에 중요한 지료가 되지요.

한국인 변호사   『삼국지』 기록이 정확하다고 어떻게 확신합니까?

기득권   중국에서는 오래전부터 역사서를 써 왔기 때문에 여러 가
지로 그 수준이 발달했습니다. 그래서 세계적으로 중국의 역사 기록
은 정확하다고 인정받고 있습니다.

한국인 변호사   그런데 증인이 그렇게 철석같이 믿는 『삼국지』 기
록이 앞뒤가 맞지 않는다는 점을 알고 있습니까? 예를 들면, 앞 부
분에서는 '백제에는 제대로 된 성(城)이 없다'고 했다가 또 뒤에서는
'성을 쌓거나 나라에 일이 있을 때'라고 하면서 성이 있었다고 말하
고 있거든요. 그뿐만 아니라 풍납 토성도 3세기보다 훨씬 이전에 쌓
은 성이라고 합니다.

기득권   그렇지 않습니다. 풍납 토성은 그렇게 일찍 지어진 성이
아니에요. 그리고 『삼국지』에 나오는 앞의 성과 뒤의 성은 서로 다른
성입니다.

한국인 변호사   풍납 토성이 지어진 연대는 과학적으로 측정해서
증명한 바 있는데요, 증인?

기득권   잘못된 겁니다. 조사한 사람들이 엉터리여서 결과가 잘못

나온 겁니다. 그런 게 나올 리가 없지 않습니까. 수십 개로 갈라져 있던 나라에서 어떻게 그런 성을 쌓을 수가 있겠습니까? 그때는 백제가 아직 나라 모습도 제대로 갖추지 못했던 시기였대도 그러시네.

한국인 변호사　과학적인 검증을 거쳐 나온 결과를 보고도 믿지 못하니 더 이상 신문을 진행할 수가 없겠네요. 재판장님, 이상으로 마치도록 하겠습니다.

판사　좋습니다. 이것으로 오늘 재판의 증인 신문과 변론이 끝났네요. 잠시 후에 원고와 피고의 최후 변론을 듣도록 하겠습니다.

땅, 땅, 땅!

　왜 백제의 칠지도가 일본에 있을까?

풍납 토성

　풍납 토성의 정식 이름은 '광주 풍납리 토성(廣州風納里土城)'입니다. 서울 송파구에 있으며 사적 제11호로 지정되어 있지요. 풍납 토성이 처음 발견된 것은 1925년 대홍수 때입니다. 이때 백제와 중국의 교류를 알려 주는 청동제 유물과 토기 조각들이 많이 발견되었어요. 이후 역사학자들은 여러 차례에 걸쳐 풍납 토성을 발굴 조사했습니다. 특히 성벽의 일부를 절단하여 연대를 측정한 결과, 풍납 토성이 기원전 2세기~기원후 2세기에 만들어진 것임이 판명되었지요. 그리고 이 토성이 폭 40m, 높이 9~15m에 이르는 거대한 규모임이 밝혀졌습니다. 당시 이런 규모의 성벽을 쌓으려면 굉장히 많은 인력이 필요했을 것입니다. 즉, 이 시기에 한반도에 있던 국가가 이미 고대 국가로 성장했다는 것을 풍납 토성을 통해 추측할 수 있습니다.

다알지 기자

　　　　　여러분, 안녕하세요. 저는 백제인 씨와 야
　　　　마토 씨의 마지막 공판 현장에 나와 있습니다.
　　　오늘은 역사학자 여러분이 증인으로 나와 그 어느
때보다 흥미로웠다고 하는군요. 고려의 김부식 씨와 일본의 쓰다 씨,
한국의 기득권 씨가 각자의 소견을 밝혀 주었습니다. 아, 지금 막 원고
측과 피고 측 변호사들이 재판정에서 나오고 있습니다. 우키다 변호사
님, 오늘은 얼굴 표정이 매우 밝아 보이네요. 재판 결과를 긍정적으로
예상하는 것 같습니다.

우키다 변호사

당연하지요. 오늘 나온 역사학자들이 모두 우
리에게 유리한 증언을 했으니까요. 원고 측은 지
난번 공판에서 백제가 국력이 센 나라였다고 주장했지
만, 『삼국사기』를 쓴 김부식 씨는 그런 얘기를 들어 본 적이 없다고 하
지 않습니까. 그리고 쓰다 씨의 경우 일본인 역사학자지만 실증주의
역사를 지향하는 역사가답게 『일본서기』의 연대가 정확하지 않다는
사실을 인정했습니다. 그런 쓰다 씨의 증언은 다른 누구의 증언보다
신빙성이 있다고 생각합니다. 게다가 기득권 씨도 중국의 기록을 들며
4세기에 백제가 그렇게 강한 나라였을 리가 없다고 증언했고요.

한국인 변호사

　　증인 쓰다 씨는 그렇다고 쳐도 기득권 씨가 정말 그렇게까지 얘기할 줄은 몰랐네요. 아무리 쓰다 씨 학설을 추종한다고 하지만 저렇게까지 따라야 하는지 이해할 수가 없습니다. 사실 우리나라에서 처음으로 이 분야 전문가가 된 사람이 바로 쓰다 씨에게 배웠거든요. 그래서 쓰다 씨와 기득권 씨가 하는 말에 별 차이가 없는 것입니다. 일본 학자들은 그렇다 쳐도 우리나라 일부 역사가들조차 아직까지 식민주의 시대에 가졌던 사관을 극복하지 못했다는 사실이 안타깝습니다. 어서 빨리 양심의 소리에 귀 기울이고, 주체적으로 역사를 보는 안목을 가지게 되길 바랍니다. 그래도 오늘 재판에서 김부식 씨의 증언을 통해 신라 중심으로 『삼국사기』를 썼기 때문에 백제의 기록이 축소되었다는 사실을 밝힐 수 있어서 다행이었습니다.

왜 백제의 칠지도가 일본에 있을까?

백제의 고분에서는
어떤 유물이 나왔을까?

옛날 사람들은 사람이 죽어도 그것이 끝이 아니라고 생각했습니다. 그래서 중국의 진시황은 수많은 군사들을 토기로 만들어 자신의 무덤을 지키게 했고, 많은 유물을 넣어 화려하게 장식하기도 했지요. 이렇게 과거의 무덤 속을 보면 당시의 삶을 알아볼 수 있는 여러 유물을 찾아볼 수 있습니다.

세발토기

백제 지역에서 출토된 유적 중 발이 세 개 달린 토기를 '세발토기'라고 하는데, '삼족토기'라고도 합니다. 백제 토기의 가장 전형적인 형태를 보여 주는 세발토기는 특히 몽촌토성에서 많이 발견되었습니다. 세발토기는 원래는 뚜껑이 없는 형태로 사용되었는데, 점점 뚜껑을 만들어 사용한 것으로 봅니다. 출토된 곳과 형태 등을 보아 일상적인 생활 용기가 아니라 의례용이나 식품 공헌용으로 사용되었을 것으로 추측되고 있지요.

새발자국무늬토기

충청북도 청주의 신봉동 백제 고분군에서 발견된 토기로 토기의 겉면에 사선의 무늬가 나 있는 것이 특징입니다. 이 무늬가 마치 새의 발자국과 같다고 해서 '새발자국무늬토기'라고 불리지요. 이러한 무늬가 있는 토기는 전라도 지역과 일본에서도 발견되어 백제가 전파된 것으로 추측하고 있습니다.

손잡이 잔 모양 토기

컵 모양의 토기에 손잡이가 한쪽 혹은 양쪽에 부착된 토기를 '손잡이 잔'이라고 하는데, 청주 신봉동 백제 고분군에서 많은 양의 손잡이 잔 모양의 토기가 출토되었습니다. 토기의 겉면은 물결무늬 등이 장식되어 있기도 하지요. 이러한 토기는 계량 즉 양을 측정하는 용도로 사용된 것으로 짐작하고 있습니다.

굽잔

신발의 밑바닥에 도톰하게 붙이는 것을 '굽'
이라고 하는데 이처럼 접시에 높은 굽을 붙인
그릇을 '굽잔'이라고 합니다. 굽다리 접시와
같은 말이지요. 충주 조동리 선사 유적지에서
발견될 정도로 아주 오래전부터 우리의 조상
들이 만들어서 사용한 토기의 형태입니다.

단지

음식물 등을 저장하기 위한 도구로 항아리보
다 약간 작은 그릇을 가리켜 '단지'라고 하지
요. 배가 볼록 나오고, 그릇의 위와 아래가 좁
은 것이 특징입니다. 청동기 시대에 고인돌에
서 많이 발견되었으며, 백제인들의 무덤에서
도 그 흔적을 찾아볼 수 있습니다.

출처: 청주백제유물전시관(www.cjbaekje.net)

백제에 대해 피고 측이 제시한 증거는
명백한 조작입니다!
VS
기록에는 백제가 칠지도를
바쳤다고 나와요!

판사 자 그럼, 원고 측과 피고 측에서는 각각 최후 변론해 주시기
바랍니다.

백제인 존경하는 재판장님, 그리고 배심원 여러분. 재판 내내 피
고 측의 입장은 잘 들으셨을 줄 압니다. 피고의 입장을 간단하게 말
하자면 잘못한 게 없다는 것이었습니다. 정말 그렇다고 생각하십
니까?

피고 측은, 어떻게 해석해도 좋은 문장을 약간 유리하게 해석했
을 뿐이라고 합니다. 물론 나도 칠지도에 쓰여 있는 문장이 어떻게
해석해도 좋을 정도로 애매하다는 점은 인정합니다. 하지만 피고 측
의 역사의 흐름을 해석하는 태도는 왜곡을 넘어 명백한 조작이라고
말할 수 있습니다. 피고 측에서는 칠지도와 관련된 『일본서기』의 기

록이 조작되었다는 증거가 없다고 합니다만, 『일본서기』 자체가 마음먹고 조작한 책인데 무슨 증거가 더 있어야 할까요? 『일본서기』의 고대사 서술은 천황의 업적을 높이기 위해 조작된 것입니다. 이 점은 재판 과정에서 이미 밝혀졌고, 증인들의 증언을 통해 더욱 확실해졌습니다. 그러므로, 피고 측이 퍼뜨리고 다닌 소문이 조작되지 않았다면 그게 더 이상한 일입니다. 그럼에도 피고 측은 문장 하나하나가 조작되었음을 증명하지 못하면, 자신들이 마음대로 해석해도 상관없다는 식으로 말하고 있으니 답답하기만 합니다.

또 그들은 역사 전문가라는 사람들을 동원해서, 조상들이 조작해 놓은 기록을 바탕으로 자신들에게 유리한 역사를 만들어 내고 있습니다. 그리고 그렇게 '만들어진' 역사를 많은 사람들의 머릿속에 심어 주고 있고요. 이런 행위를 더 이상 용납해서는 안 될 것입니다. 이대로 두면 결국 힘있는 사람들이 역사를 맘대로 바꾸거나 자신들을 미화하는 도구로 삼을 테니까요. 그렇게 되면 역사는 지나간 경험에서 교훈을 찾는 본래 역할을 하지 못합니다. 재판장님, 그리고 배심원 여러분. 현명한 판단을 부탁드립니다.

야마토　　존경하는 재판장님. 그리고 배심원 여러분. 원고 측은 이 재판에서 일관되게 일본에 의해 백제와 백제인들의 명예가 크게 훼손되었다고 주장합니다. 하지만 세 번의 공판을 마쳤는데도 피고가 원고 측의 명예를 떨어뜨렸다는 확실한 증거가 없습니다. 칠지도에 새겨진 내용은 어떻게 해석을 해도 무리가 없습니다. 누가 옳은 해석을 하고 있는지 누구도 판단할 수가 없는 것이지요. 원고 측이 원

고 측에 유리한 해석을 하듯 우리 역시 우리 입장에서 해석할 수밖
에 없습니다.

또한 일본에서 가장 오래된 역사서인 『일본서기』에도 분명히 '백
제가 일본에 칠지도를 바쳤다'고 나와 있습니다. 왜곡이니 조작이니
하지만, '칠지도를 바쳤다'라고 나와 있는 부분이 직접적으로 조작
되었다는 결정적인 증거 또한 없습니다. 기껏해야 주변에 있는 다른
기록들에 조금 문제가 있다는 정황 증거뿐입니다.

그리고 증인 김부식 씨가 밝혀 주었듯이 원고 측의 역사 또한 과
장과 왜곡이 없었다고 할 수 없습니다. 하지만 한국은 그들의 기록
인 『삼국사기』를 신뢰하고 있지요. 우리도 마찬가지입니다.

　왜 백제의 칠지도가 일본에 있을까?

또한 당시 백제가 무엇을 바치는 입장에 있던 나라가 아니었다고도 주장하고 있습니다만, 그것도 일방적인 주장일 뿐입니다. 모두가 추정일 뿐이지요. 더욱이 당시 역사를 정리했던 역사 전문가 역시 백제가 원고 측이 주장하는 것만큼 그리 강력한 나라가 아니었다고 결론짓고 있습니다.

그런데도 우리가 단지 원고 측이 바라는 대로 생각을 바꾸지 않고, 믿는 대로 말한다고 하여 그것이 어떻게 원고에 대한 명예 훼손이 되겠습니까? 부디 재판장님, 그리고 배심원 여러분, 현명한 판단을 부탁드립니다.

판사 네. 양측 최후 변론 모두 잘 들었습니다. 원고와 피고, 증인들과 배심원 여러분들, 방청객 분들 모두 긴 재판을 함께 달려오느라 수고하셨습니다. 양쪽의 주장을 모두 고려하여 4주 뒤에 최종 판결을 내리겠습니다. 배심원 여러분의 신중한 판단이 도움 되니 각자의 의견을 적어서 제출해 주시기 바랍니다. 이것으로 모든 재판을 마치겠습니다.

땅, 땅, 땅!

역사공화국 한국사법정 재판 번호 05 백제인 VS 야마토

주문

역사공화국 한국사법정은 백제인이 야마토를 상대로 제기한 명예 훼손에 의한 정신적 손해 배상 청구를 인정한다.

판결 이유

아직도 많은 사람들이 백제라는 나라를 '야마토의 나라', '왜의 눈치나 보며 살았던 허약한 나라'라고 생각한다. 그리고 그러한 편견 때문에 백제의 역사가 왜곡됨은 물론, 많은 백제의 유적들이 빛을 보지 못하고 영원히 사라지고 있다. 이러한 사태가 피고 측 나라가 만들어 냈던 최초의 역사서 『일본서기』가 조작되었기 때문에 일어났다는 점에서 피고 측의 책임이 인정되는 바이다.

칠지도에 나와 있는 내용을 피고 측이 유리하게 해석한 것도 『일본서기』의 내용에 영향을 받은 것임이 명백하다. 이러한 고의적 역사 조작에 의하여 후세 사람들이 백제라는 나라를 형편없는 나라로 인식하게 되었으므로 명예 훼손이 성립한다는 것이 본 법정의 판단이다.

아직도 '같은 나라의 역사가 맞느냐'는 말이 나올 정도로 역사가에 따라 달리 해석되고 있는 백제의 역사를 한마디로 결론짓는 것이 위험

할 수는 있다. 하지만 그렇다고 해서 자신들의 이익을 위하여 역사를 조작하고 왜곡된 인식을 심는 피고 측의 행위를 더 이상 보고만 있을 수는 없다. 본 법정이 부담스러운 판결을 내리는 이유도 여기에 있다. 역사 기록을 조작하고 그러한 기록을 이용하여 자기들에게 유리한 역사를 만들어 낸 피고의 행각이 명백한 이상, 다소 논란의 여지가 있더라도 원고의 손을 들어 줄 수밖에 없다.

역사공화국 한국사법정 담당 판사 공정한

"백제가 선진 문물을
일본에 전했다는 건 사실이에요!"

재판정에서 돌아와 아직도 화가 풀리지 않은 한국인 변호사는 씩씩거리며 책상의 서류를 정리하고 있었다.

'똑, 똑, 똑'

"헬로우, 나는 미국에서 동양 미술을 전공한 존 카터 코벨이라는 학자입니다. 한국인 변호사, 계신가요?"

갑자기 노란 머리에 키가 큰 외국인 여자가 사무실 안을 빤히 쳐다봤다.

"네, 제가 한국인 변호사입니다. 사건 의뢰라면 다른 날 오시면 안 될까요? 죄송합니다."

"다름이 아니라 칠지도에 관련된 재판에 대해서 하고 싶은 말이 있어서 들렀어요."

"칠지도에 대한 재판이라면······."

한국인 변호사는 외국인 학자가 무슨 얘길하려고 하는지 약간 경계하며 자리를 권했다.

"그래요? 일단 여기 앉으시지요."

"나는 원래 일본 문화에 관심이 많아 대학에서 일본 미술사를 공부했습니다. 근데 공부를 하다 보니 그 뿌리가 한국에 있다는 것을 알게 됐습니다. 그때부터 한국 문화에 대한 연구를 계속해 왔습니다. 뭐 극단적으로 말하자면 '한국은 부모이고, 일본은 불효자식'이라고 말할 수 있죠."

'일본이 불효자식'이라는 말에 한국인 변호사는 솔깃했다. 코벨 박사는 뭔가를 찾는 듯 가방을 뒤적이더니 두꺼운 서류 뭉치들을 탁자에 올려놓았다. 한·일 고대사 연구를 비롯해 '한국이 일본 문화에 끼친 영향', '뿌리' 등 천 건이 넘는 자료들이었다.

"이 글을 다 쓰느라 애 좀 썼어요. 내가 한국과 일본의 고대사를 공부한 결과를 말씀드리면 한국이야말로 고대의 지도자였고, 일본인들은 오직 백제를 통해서만 선진 문물을 접할 수 있었더군요."

말문을 열기 시작한 코벨 박사는 신이 나서 설명을 계속했다.

"기원전 3세기부터 기원후 8세기까지는 한국의 영향을 제외한다면 남아 있는 일본 문화가 거의 없을 걸요."

"그게 정말인가요?"

"또 일본에서 순수하게 일본 고유의 문화를 꽃피웠다는 10세기에 와서도 '누가 가장 한국 춤을 잘 추는가?'라는 대회가 일본 궁궐에서

열리기도 했지요."

"정말 대단하시네요. 박사님은 외국인이면서도 일본이 한국의 역사를 왜곡한 사실에 이렇게까지 관심이 있으시다니 오히려 제가 부끄럽네요."

"이왕 말이 나온 김에 내가 한마디 더 하죠. 내가 한국을 많이 사랑해서 하는 말인데……. 한국인 변호사, 그거 아시나요? 한국은 꼭 무슨 사건이 일어나야만 한번씩 '독도는 우리 땅'이라고 외치더군요. 그러고는 또 언제 그랬냐는 듯 금방 잊어버리고요. 한국 사람들이 잠깐 관심을 기울이고 마는 동안 일본은 독도를 자기네 영토로 만들려는 모략을 꾸미고 있다는 것도 모르고요."

코벨 박사의 말에 한국인 변호사는 부끄러워 얼굴이 달아올랐다.

"뭐라 드릴 말씀이 없네요."

"독재자 히틀러는 이런 말을 했다고 합니다. '거짓말이 크면 클수록 사람들은 더 잘 믿는다. 그리고 그 거짓말이 되풀이되면 머지않아 사람들은 그것을 진실로 받아들인다'라고요. 스스로 역사를 지키기 위해 해야 할 일이 이제 조금씩 보이는 것 같지 않나요?"

백제의 숨결을 느낄 수 있는
청주백제유물전시관

전시관 입구

충청북도 청주에 가면 백제의
독특한 유적과 유물을 전시한 곳
이 있습니다. 바로 '청주백제유
물전시관'인데, 이곳은 이제까지
322기의 널무덤과 3기의 돌방무
덤 등이 발견된 곳으로 백제권
역 최대의 무덤 밀집지역인 청주
신봉동 백제 고분군에 2001년에
건립된 전시관입니다. 이곳은 백제 시대 사람들의 무덤이 있던 곳에
만들어져 당시 백제의 문화와 백제인의 삶을 이해하고 역사를 체험할
수 있는 공간이지요.

밥공기를 엎어놓은 것과 같은 고분 모양의 전시관에 들어서면 백제
시대의 고분에서 출토된 많은 유물을 볼 수 있는 것은 물론, 다양한 무
덤 형태도 알기 쉽게 살펴볼 수 있습니다. 그중 인상 깊은 유물은 지하
에 구덩이를 파고 넓적한 나무널로 사각형 벽을 만들어 시신을 두는
방법인 '널무덤'을 재현해 놓은 것이지요. 당시 무덤이 어떤 식으로 만
들었는지도 이해할 수 있고, 무덤에 어떤 물건들을 함께 넣었는지도

살펴보며 백제인의 생각과 삶도 들여다 볼 수 있습니다.

　뿐만 아니라 전시관에서는 당시 사람들의 옷차림을 볼 수 있는 기마상과 같은 백제인 모형도 볼 수 있습니다. 또한 영상관의 영상물을 통해 전시관의 내용을 쉽게 살펴볼 수 있고, 탁본 체험을 통해 당시의 유물을 보다 가까이 느낄 수도 있지요.

찾아가기　**주소**　충청북도 청주시 흥덕구 신봉동 139-6
　　　　　　운영시간　전시관 관람 9:00~18:00
　　　　　　　　　　　월요일 휴관(월요일이 공휴일인 경우 그다음 날 휴관)
　　　　　　전화번호　043-263-0107

전시관 내 무덤 유적

전시관 내 기마상

『역사공화국 한국사법정 05 왜 백제의 칠지도가 일본에 있을까?』와
관련한 논술 문제를 풀어 봅시다.

※ 다음 제시문을 읽고 물음에 답하시오.

(가) 200년 일본의 진구 황후는 삼한을 정벌하였는데, 우선 신라를
　　 쳐서 항복을 받고 이때 고구려왕·백제왕도 신라에 와서 항복하
　　 여, 이로부터 200년간 일본이 가야 지역에 미마나라는 직할지
　　 를 두었으며, 백제·신라도 보호국으로 하였다.

- 『일본서기』

(나) 일본에는 당시 야마타이국을 비롯하여 무려 30여 개의 소국이
　　 있었다. 역사학의 상식을 따르면 일본 열도를 통일하게 될 야
　　 마토 국가의 모체가 형성된 것이 5세기, 일본이라는 국호가 생
　　 긴 것은 고대국가가 성립된 6세기 말엽이다.

- 『삼국지』 위지 동이전 왜인전

1. (가)는 8세기에 만들어진 일본의 역사서의 내용이고, (나)는 중국의 역
　 사서의 내용입니다. (나)를 바탕으로 (가)의 내용을 비판하여 쓰시오.

※ 다음 제시문을 읽고 물음에 답하시오.

(가) 아직기는 백제의 학자로 일본의 역사서인 『고사기』에는 아지
길사, 『일본서기』에는 아직기로 기록되어 있습니다. 근초고왕
때 왕명으로 말 두 필을 전해 주러 일본에 건너갔던 아직기는
경전을 잘 읽어 태자의 스승이 되었지요. 또한 백제의 박사인
왕인을 불러 일본에 한학을 전하게 하였습니다.

(나) 백제는 불교 문화도 일본에 전해 주었는데, 승려였던 혜총은 일
본에 건너가 쇼토쿠 태자의 스승이 되었습니다.

고교쿠 왕

(다) 일본의 제35대 왕인 고교쿠 왕은 역사상 두 번째로 나타난 여자 왕입니다. 642~645년에 왕위에 있었고, 37대 왕으로 다시 즉위하여 두 번 왕위에 오른 인물이기도 합니다. 백제가 신라의 공격을 받아 위험에 빠지자 661년 백제에 지원군을 보내기 위해 지금의 후쿠오카인 쓰쿠시에 머무르다가 그곳에서 죽었습니다.

2. (가)~(다)를 읽고, 당시 백제와 일본과의 관계에 대해 추측하여 써 보시오.

왜 백제의 칠지도가 일본에 있을까?

해답 1 다른 나라를 점령하여 식민지로 삼기 위해서는 힘이 있어야 합니다. 그런데 주변 소국들도 통일을 시키지 못할 정도로 힘이 없는 나라가 바다를 건너와서 삼한을 정벌하였다는 것은 앞뒤가 맞지 않습니다. 가야가 멸망한 것은 6세기 중엽의 일입니다.(532년 금관가야, 562년 대가야가 멸망) 하지만 (나)를 보면 일본이라는 국호가 생긴 것은 6세기 말엽이라는 것을 알 수 있지요. 따라서 6세기 말엽에 생긴 나라가 6세기 중엽에 멸망한 나라에 직할지를 두어 200년간 다스렸다는 것은 있을 수 없는 일입니다.

해답 2 (가)와 (나)를 보면 백제가 일본에 학자와 승려를 보내 주어 문화를 전파한 것을 알 수 있습니다. 또한 (다)를 보면 일본이 백제를 군사적으로 도와주려 하였다는 것을 알 수 있지요. 이처럼 백제와 일본과의 관계는 우호적이고 상호 원조하는 형태였을 것으로 추측됩니다. 『삼국사기』에도 백제와 일본의 관계가 우호적이었다고 기록되어 있습니다. 이러한 기록을 종합해 보면 백제는 일본에 학술·기술 등 선진 문물을 제공하였고, 그 대신 일본은 백제에 군사적 지원을 하였던 것으로 보입니다.

* 해답은 예시로 제시된 내용입니다.

역사공화국 한국사법정 05

왜 백제의 칠지도가 일본에 있을까?

ⓒ 이희진, 2010

초 판 1쇄 발행 2010년 8월 12일
개정판 1쇄 발행 2013년 10월 15일
      7쇄 발행 2024년 1월 1일

지은이   이희진
그린이   박종호
펴낸이   정은영

펴낸곳   (주)자음과모음
출판등록   2001년 11월 28일 제2001-000259호
주소   10881 경기도 파주시 회동길 325-20
전화   편집부 (02) 324-2347 경영지원부 (02) 325-6047
팩스   편집부 (02) 324-2348 경영지원부 (02) 2648-1311
이메일   jamoteen@jamobook.com

ISBN 978-89-544-2305-2 (44910)

철학자가 들려주는 철학 이야기 (전 100권)

서정욱 외 지음 | 각 11,000원

아이들의 눈높이에 맞춘 철학 동화!
책 읽는 재미와 철학 공부를 자연스럽게 연결한 놀라운 구성!

대부분의 독자들이 어렵게 느끼는 철학을 동화 형식을 이용해 읽기 쉽게 접근한 책이다. 우리의 삶과 세상, 인간관계에 대해 어려서부터 진지하게 느끼고 고민할 수 있도록, 해당 철학 사조와 철학자들의 사상을 최대한 풀어 썼다.

이 시리즈의 가장 큰 장점은 내용과 형식의 조화로, 아이들이 흔히 겪을 수 있는 일상사를 철학 이론으로 해석하고 재미있는 이야기로 담은 것이다. 또한 아이들의 눈높이에 맞는 쉽고 명쾌한 해설인 '철학 돋보기'를 덧붙였으며, 각 권마다 줄거리나 철학자의 사상을 상징적으로 표현한 삽화로 읽는 재미를 더한다. 철학 동화를 이끌어가는 주인공을 형상화하고 내용의 포인트를 상징적으로 표현한 삽화는 아이들의 눈을 즐겁게 만들어준다. 무엇보다 이 시리즈는 철학이 우리 생활 한가운데 들어와 있고, 일상이 곧 철학이라는 사실을 잘 보여준다. 무엇보다 자기 자신을 극복한다는 것, 인간을 사랑한다는 것, 진정한 인간이 된다는 것, 현실과 자기 자신을 긍정한다는 것 등의 의미를 아이들의 시선에서 풀어내고 있다.

과학공화국 법정시리즈 (정완상 지음 | 전 50권)

생활 속에서 배우는 기상천외한 수학·과학 교과서!
수학과 과학을 법정에 세워 '원리'를 밝혀낸다!

이 책은 과학공화국에서 일어나는 사건들과 사건을 다루는 법정 공판을 통해 청소년들에게 과학의 재미에 흠뻑 빠져들게 할 수 있는 기회를 제공한다. 우리 생활 속에서 일어날 만한 우스꽝스럽고도 호기심을 자극하는 사건들을 통하여 청소년들이 자연스럽게 과학의 원리를 깨달으면서 동시에 학습에 대한 흥미를 가질 수 있도록 구성하였다.